K. Aldenhövel, M. Mühlschuster, M. Wemdzio

eco Compliance
Pflichtenheft
FÜR INSTANDHALTER

für alle Bundesländer

AF159254

Herausgeber
eco COMPLIANCE
Kanzleistraße 11
29221 Celle
Telefon: 05141 70496 00
E-Mail: info@eco-compliance.de
www.eco-compliance.de

Autoren
Karsten Aldenhövel
Martina Mühlschuster
Marcel Wemdzio

Lektorat
Marion Capell
www.lektorat-capell.de

Grafik
Atelier Strichstärke – Katharina Arndt
www.strichstaerke.net

Satz
Da-TeX – Gerd Blumenstein
www.da-tex.de

Bibliografische Information der Deutschen Nationalbibliothek: Die Deutsche Nationalbibliothek verzeichnet diese Publikation in der Deutschen Nationalbibliografie; detaillierte bibliografische Daten sind im Internet über dnb.dnb.de abrufbar.

© 2018 eco COMPLIANCE
Herstellung und Verlag:
BoD – Books on Demand, Norderstedt

ISBN: 9783743134102

Inhalt

Vorwort   **7**

1 Pflichtendelegation: Bürokratie oder Tool zur Haftungsreduzierung? 10

2 Allgemeine Pflichten für Instandhalter   **14**
- 2.1 Beschaffung von Arbeitsmitteln/Anlagen   14
- 2.2 Die grundsätzliche Prüfpflicht   15
- 2.2.1 Prüfarten/-fristen, Prüfer und Verbindung zur Gefährdungsbeurteilung   15
- 2.2.2 Prüfaufzeichnungen und -bescheinigungen   16
- 2.3 Organisation   16
- 2.3.1 Befähigte Person   16
- 2.3.2 Blitzschutzfachkraft   19
- 2.3.3 Elektrofachkraft   20
- 2.3.3.1 Elektrofachkräfte   20
- 2.3.3.2 Elektrofachkräfte für festgelegte Tätigkeiten   20
- 2.3.4 Sachverständige, zugelassene Überwachungsstelle (ZÜS)   22
- 2.3.4.1 Sachverständige   22
- 2.3.4.2 Zugelassene Überwachungsstellen (ZÜS) (BetrSichV Anhang 2 Abschnitt 1)   22
- 2.3.5 Aufsichtführender, Sicherungsposten   23
- 2.3.5.1 Aufsichtführender   23
- 2.3.5.2 Sicherungsposten   24
- 2.3.6 Zugelassene Untersuchungsstelle   25
- 2.4 Gefährdungsbeurteilung   26
- 2.4.1 Betriebssicherheitsverordnung (BetrSichV)   26
- 2.4.2 TRBS 1112   27

3 Prüfpflichten   **32**
- 3.1 Abwasseranlagen   32
- 3.1.1 Baden-Württemberg   33
- 3.1.2 Bayern   34
- 3.1.3 Berlin   35
- 3.1.4 Brandenburg   36
- 3.1.5 Bremen   36
- 3.1.6 Hamburg   36
- 3.1.7 Hessen   37

3.1.8	Mecklenburg-Vorpommern	38
3.1.9	Niedersachsen	39
3.1.10	Nordrhein-Westfalen	39
3.1.11	Rheinland-Pfalz	40
3.1.12	Saarland	40
3.1.13	Sachsen	42
3.1.14	Sachsen-Anhalt	43
3.1.15	Schleswig-Holstein	44
3.1.16	Thüringen	45
3.2	**Anlagen mit Explosionsgefährdungen**	**46**
3.3	**Anschlagmittel**	**48**
3.3.1	Anschlag-Drahtseile	49
3.3.2	Anschlag-Faserseile	49
3.3.3	Anschlag-Ketten	49
3.4	**Aufzüge**	**50**
3.5	**Blitzschutzanlagen**	**52**
3.6	**Brandmelde- und Feuerschutzeinrichtungen**	**53**
3.6.1	Muster-Prüfverordnung	53
3.6.2	Baden-Württemberg	53
3.6.3	Bayern	53
3.6.4	Berlin	53
3.6.5	Brandenburg	54
3.6.6	Bremen	54
3.6.7	Hamburg	54
3.6.8	Hessen	54
3.6.9	Mecklenburg-Vorpommern	54
3.6.10	Niedersachsen	54
3.6.11	Nordrhein-Westfalen	54
3.6.12	Rheinland-Pfalz	55
3.6.13	Saarland	55
3.6.14	Sachsen	55
3.6.15	Sachsen-Anhalt	55
3.6.16	Schleswig-Holstein	56
3.6.17	Thüringen	56
3.6.18	Feuerlöschanlagen mit Wasser	56
3.6.19	Feuerlöschanlagen mit Gas	57
3.6.20	Feuerlöscher	57
3.7	**Brandschutztüren und -tore**	**57**

3.8	**Druckanlagen**	**58**
3.8.1	Dampfkessel	59
3.8.2	Druckanlagen	59
3.8.2.1	Kälte- und Wärmepumpenanlagen	59
3.8.3	Kompressoren	60
3.9	**Elektrische Betriebsmittel**	**61**
3.9.1	Ortsfeste elektrische Betriebsmittel	61
3.9.2	Ortsveränderliche elektrische Betriebsmittel	62
3.9.3	Schutz- und Hilfsmittel zum sicheren Arbeiten in elektrischen Anlagen	63
3.10	**Fenster/Oberlichter (kraftbetrieben)**	**64**
3.11	**Feuerungsanlagen (Heizung)**	**64**
3.11.1	Feste Brennstoffe	64
3.11.2	Flüssige Brennstoffe	65
3.11.3	Gasförmige Brennstoffe	65
3.12	**Fahrzeuge**	**66**
3.12.1	Pkw und Lkw	67
3.12.2	Flurförderzeuge	67
3.13	**Flüssiggasanlagen**	**68**
3.14	**Gerüste**	**69**
3.15	**Hebebühnen**	**70**
3.16	**Hydraulikinstandhaltung**	**71**
3.16.1	Hydraulikflüssigkeiten	72
3.16.2	Hydraulik-Schlauchleitungen	72
3.17	**Kipp- und Absetzbehälter**	**75**
3.18	**Klimaanlagen**	**76**
3.19	**Körper- und Augennotduschen**	**78**
3.20	**Kraftbetriebene Türen und Tore**	**79**
3.21	**Krane**	**80**
3.22	**Laborabzüge**	**82**
3.23	**Ladebrücken und fahrbare Rampen**	**83**
3.24	**Ladeeinrichtungen für Fahrzeugbatterien**	**84**
3.25	**Lagereinrichtungen**	**84**
3.25.1	Sicherheitsschränke für brennbare Flüssigkeiten	85
3.25.2	Regale (nicht kraftbetrieben)	85
3.25.3	Kraftbetriebene Regale	87
3.26	**Laser**	**87**
3.27	**Leitern und Tritte**	**88**

3.28	Mittel zur Ersten Hilfe	89
3.29	Notaggregate	89
3.29.1	Sicherheitsbeleuchtung	89
3.30	PSA	90
3.31	Pressen und Schutzeinrichtungen	91
3.31.1	Berührungslos wirkende Schutzeinrichtungen (BWSen)	92
3.31.2	Zweihandschaltungen	92
3.31.3	Kraftbetriebene bewegliche trennende Schutzeinrichtungen mit Verriegelung	93
3.32	RLT-Anlagen	93
3.33	Röntengeräte	94
3.34	Schweißanlagen	95
3.34.1	Flaschenbatterieanlagen und Verbrauchseinrichtungen	96
3.34.2	Elektrische Einrichtungen der Schweißtechnik	96
3.35	Silos	98
3.36	Stetigförderer	99
3.37	Tankstellen	99
3.37.1	Diesel/Benzin	100
3.37.2	Gas	101
3.38	Verdunstungskühlanlagen, Nassabscheider, Kühltürme	101
3.39	Verpackungsmaschinen	107
3.40	Vormals VAwS-Anlagen (Anlagen nach der neuen AwSV)	108
3.41	Wandhydranten	112
3.42	Wasserversorgung für gewerbliche Tätigkeiten	113
3.43	Winden, Hub-/Zuggeräte	114
3.44	Zerspanungsmaschinen	115

Literaturverzeichnis 117

Vorwort

Der DIN 31051 „Grundlagen der Instandhaltung" [1] nach kombiniert Instandhaltung technische und administrative Maßnahmen mit Maßnahmen des Managements während des Lebenszyklus z. B. eines Geräts oder Bauelements mit dem Ziel, dessen funktionsfähigen Zustand zu erhalten oder wiederherzustellen.

Instandhaltung umfasst somit sowohl die Wartung und Inspektion von Anlagen und Betriebsmitteln als auch deren Instandsetzung (Reparatur) und Verbesserung nicht zuletzt vor dem Hintergrund, dass durch Verschleiß oder andere schädigende Einflüsse Arbeitsmittel ihre Funktionsfähigkeit verlieren oder sogar zu einer Gefährdung für die sie verwendenden Arbeitnehmer werden können.

Instandhaltung dient folglich der Betriebssicherheit der Arbeitsmittel und damit zugleich der Arbeitssicherheit der Mitarbeiter. Mit Hilfe eines effektiven Instandhaltungsmanagements lassen sich u.a. Betriebsabläufe optimieren und Störungen reduzieren. Zudem kann Systemausfällen vorgebeugt und die Nutzungsdauer bestimmter Maschinen erhöht werden.

Von besonderer Bedeutung ist dabei vor allem, dass Anlagen und Betriebsmittel regelmäßig wiederkehrend geprüft werden.

Dieses Pflichtenheft unterstützt Instandhalter dabei, ihren Rechtspflichten im Rahmen des betrieblichen Arbeits- und Umweltschutzes ordnungsgemäß nachzukommen. Es werden alle wichtigen Pflichten – angefangen von den generellen Beschaffenheitsanforderungen an Arbeitsmittel über die Organisation entsprechenden Instandhaltungspersonals bis hin zu speziellen Prüfpflichten – einzelner Betriebsmittel aufgeführt.

Zur Festlegung des Prüfumfangs, der Prüfhäufigkeit, der Dokumentation und der Anforderungen an den Prüfer der verschiedenen Betriebsmittel können unterschiedliche Vorschriften herangezogen werden. Im Pflichtenheft werden für alle gängigen Arbeitsmittel und Anlagen die Pflichten zur wiederkehrenden Prüfung beschrieben; ergänzend wird detailliert erläutert, was geprüft werden muss, wann geprüft werden muss, wer zur Durchführung der Prüfung befugt ist und auf welche einschlägigen Rechtsnormen Bezug genommen wurde. Die Bandbreite reicht von A wie Abwasseranlagen bis Z wie Zerspanungsmaschinen.

Einige Betriebsmittel wurden zu sinnvollen Gruppen zusammengefasst: Feuerlöschanlagen und Brandschutztüren beispielsweise wurden der Kategorie Brandmelde- und Feuerschutzeinrichtungen, Regale und Gefahrstoffschränke der Kategorie Lagereinrichtungen zugeordnet. Des Weiteren wurden z. B. elektrische Betriebsmittel – unterteilt in ortsveränderlich und ortsfest – als eigene Kategorie aufgenommen. Da elektrische Betriebsmittel Bestandteil verschiedener Arbeitsmittel sind, kommt es vor, dass sich Anforderungen, aus unterschiedlichen Blickwinkeln heraus betrachtet, wiederholen.

Das Pflichtenheft enthält neben den Besonderheiten der einzelnen Betriebsmittel wertvolle Tipps für die Praxis und stellt damit ein unverzichtbares Nachschlagewerk dar, mit dem die Anforderungen an die Prüfung einzelner Betriebsmittel zügig ausfindig gemacht werden können.

Es wird darauf hingewiesen, dass aus Gründen der sprachlichen Vereinfachung ausschließlich die männliche Schreibweise verwendet wurde. Damit sind jedoch Personen männlichen und weiblichen Geschlechts stets gleichermaßen gemeint. Auf eine durchgehende geschlechtsneutrale Schreibweise wurde zugunsten der Lesbarkeit verzichtet.

Aufgrund des Urheberrechtsschutzes dürfen Inhalte von DIN-, VDE- und VDI-Normen nicht weitergegeben werden.

1

**Pflichtendelegation:
Bürokratie oder Tool zur Haftungsreduzierung?**

1 Pflichtendelegation: Bürokratie oder Tool zur Haftungsreduzierung?

Um den Begriff der Pflichtendelegation und ihre Tragweite verstehen zu können, muss man die Pflichtendelegation zunächst in einem größeren Zusammenhang sehen. Pflichtendelegation ist ein Teil im Compliance Gefüge. Compliance bedeutet Regeltreue oder auch Regelkonformität. Damit steht bei Compliance die Einhaltung von Regeln und Rechtskonformität im Vordergrund. Es fließen allerdings auch ethische Grundlagen, wie z. B. Verhaltenskodex und Wertemanagementvorgaben, Redlichkeit und Integrität, mit ein.

Bei Compliance geht es um neue Anforderungen an eine gute Geschäftsführung. Von Unternehmen werden heute aktive aufbau- und ablauforganisatorische Maßnahmen verlangt, um Risiken für Rechtskonformität oder Redlichkeit zu vermeiden. Die Gesamtheit dieser Maßnahmen wird Compliance Management System (CMS) genannt. Für ein solches CMS gibt es seit Dezember 2014 einen Standard: die ISO 19600 [2]. Unabhängig davon werden Aufbau- und Ablauforganisation sowie die Bewertung der Einhaltung geltenden Rechts in der ISO DIN 14001 [3] gefordert, die es bereits seit mehr als zwanzig Jahren gibt.

Der Sinn und Zweck von Compliance ist einfach erklärt: Ist ein Unternehmen nicht „compliant", hat es mit Bußgeldern, Schadenersatzansprüchen oder erheblichen Reputationsschäden zu rechnen. Besondere Bedeutung kommt dabei u.a. Umwelt- und Arbeitsschutzverstößen zu. Die Einhaltung von geltendem Recht muss durch den Einsatz geeigneter Organisations- und Aufsichtsmaßnahmen im Betrieb gewährleistet werden. Neben Umwelt- und Arbeitsschutzthemen sollte der Fokus insbesondere auf das Personalwesen und den Einsatz von Fremdressourcen gelegt werden. Ein durchschnittliches Unternehmen mit 1000 Mitarbeitern und einer Produktionsstätte hat in der Regel 400 Vorschriften und ca. 1000 Rechtspflichten einzuhalten.

Pflichtendelegation extrem wichtig

Diese Vielzahl von Vorschriften und Rechtspflichten, die sich hinter den einzelnen Themen verbergen, kann nicht allein von der Geschäftsleitung beherrscht werden. Zur Entlastung des Vorstands und/oder der Geschäftsführung müssen deshalb Pflichten auf andere Personen, Stellen oder ganze Bereiche übertragen, also delegiert werden.

Die Geschäftsleitung hat die Pflicht, durch Einsatz geeigneter Organisations- und Aufsichtsmaßnahmen die Einhaltung aller rechtlichen Bestimmungen im Betrieb zu gewährleisten. Hierfür muss sie vor allem die besonders haftungsrelevanten Verkehrssicherungs- und Sorgfaltspflichten erfüllen.

Zwar haben Unternehmen zu vielen rechtlich relevanten Bestimmungen üblicherweise schon (Compliance) Prozesse eingerichtet, die Sachverhalte werden aber oftmals weder klar definiert noch eindeutig verantwortlich zugeordnet. Ein unternehmensübergreifendes CMS erfordert die Vernetzung voneinander unabhängiger Prozesse im Unternehmen. Dies ist „Chefsache", denn für die Geschäftsleitung ebenso wie für Führungskräfte und Mitarbeiter mit Kontrollaufgaben (so auch für Instandhalter) bestehen bei nicht aktuellen oder vollständigen Regelungen zivil- und strafrechtliche Haftungsrisiken.

Die richtige Mischung macht's

Damit die Prozesse nicht zu bürokratisch und überlagert werden, sollte eine Pflichtendelegation nicht immer schriftlich erfolgen. Es muss nicht jede Person im Unternehmen mit einer Pflichtendelegation „eingefangen" werden.

Ein Managementsystem kann nur erfolgreich sein, wenn eine gute Mischung aus Pflichtendelegation (schriftlich), Weisungsbefugnis (die durch Pflichtendelegation erteilt werden kann), Unterweisungen/Schulungen von Mitarbeitern und ständiger Kontrolle gelebt wird.

Um eine unnötige künstliche Bürokratisierung zu verhindern, erscheint es sinnvoll, auf dieser Mischung basierend, eine kleine schlagkräftige Truppe von Personen aus unterschiedlichen Disziplinen zusammenzustellen und mit ihr den Anforderungen des Managementsystems gerecht zu werden. Dazu sollten zunächst Personen ausgesucht werden, die geeignet sind, Rechtspflichten zu verstehen und ordnungsgemäß zu erfüllen. Sie sollten mit den erforderlichen Befugnissen ausgestattet sein, Weisungen zu erteilen, um zu gewährleisten, dass die Pflichten durchgesetzt werden können. Hierzu zählen Personen wie Instandhalter, die entsprechend gut ausgebildet sind und mit beratender Unterstützung von z. B. Fachkräften für Arbeitssicherheit HSE-Angelegenheiten, also Angelegenheiten, die Gesundheit, Sicherheit und Umwelt betreffen, intern umsetzen können.

Auch wenn es auf den ersten Blick nicht vorstellbar ist, mit einem unter Umständen – je nach Unternehmensgröße – nur recht kleinen Personenkreis an die 1000 Rechtspflichten umzusetzen, so ist dies nicht nur möglich, sondern auch durchaus sinnvoll, wenn diese Personen weitreichende Kompetenzen haben, gewissenhaft arbeiten, die ihnen übertragenen Pflichten richtig delegieren und die verschiedensten Ebenen mit der Durchführung der Pflichten beauftragen. Überträgt beispielsweise ein Instandhalter die an ihn delegierten Prüfpflichten intern zur Durchführung auf seine Meister, dann ist dies eine weitere sinnvolle Maßnahme in der Delegationskette. (Ggf. müssen die Meister für die Durchführung gesondert geschult bzw. unterwiesen werden.)

Selektive Pflichtenübertragung

Diese interne Weiterdelegation verdeutlicht, dass sich mit einem gut eingespielten Team hervorragende Ergebnisse erzielen lassen. Durch eine angemessene Pflichtendelegation in schriftlicher Form wird zunächst der Rahmen der zu übertragenden Befugnisse festgelegt. Diese werden sodann entsprechend (wie durch einen Trichter) weitergefiltert auf tiefer liegende Ebenen, die wiederum den jeweiligen Pflichten – ggf. nach erforderlichen Schulungen und/oder Unterweisungen – nachkommen.

Achtung: Das bedeutet nicht, dass ein Instandhalter Pflichten willkürlich auf Personen übertragen soll. Er muss als Führungskraft mit integrierter Pflichtenübertragung vielmehr selektieren: Welche Pflicht ist in welcher Form an welche Person zumutbar weiterdelegierbar? Im Zweifel muss er sie selbst erfüllen oder einen Externen mit der Durchführung beauftragen (z.B. Prüfung durch externe Prüforganisationen).

Fazit

Ein funktionierendes System, in dem die Delegation gelebt wird, kann erheblich zur Haftungsreduzierung beitragen. Es ist die Kunst eines jeden Unternehmens, dieses System aufzubauen und aufrechtzuerhalten. Dazu bedarf es der Integrierung eines praktikablen Managementsystems mit entsprechend gutem Rechtskataster.

Dieses Pflichtenheft will eine der wichtigen Stellen im Unternehmen, die Instandhalter, durch eine umfangreiche Auflistung dabei unterstützen, ihren Rechtspflichten im Rahmen des betrieblichen Arbeits- und Umweltschutzes ordnungsgemäß nachzukommen. Durch die knappe und übersichtliche Darstellung ist leicht und schnell nachvollziehbar, welche Pflichten erfüllt werden müssen.

Allgemeine Pflichten für Instandhalter

2.1   Beschaffung von Arbeitsmitteln/Anlagen
2.2   Die grundsätzliche Prüfpflicht
2.3   Organisation
2.4   Gefährdungsbeurteilung

2 Allgemeine Pflichten für Instandhalter

2.1 Beschaffung von Arbeitsmitteln/ Anlagen

Die allgemeinen Pflichten zur Beschaffung und Bereitstellungen von Arbeitsmitteln sind grundsätzlich in der Betriebssicherheitsverordnung (BetrSichV) [4] geregelt. Sie definiert Arbeitsmittel als Werkzeuge, Geräte, Maschinen oder Anlagen, die für die Arbeit verwendet werden, sowie überwachungsbedürftige Anlagen. Ein Arbeitsmittel im Sinne der BetrSichV [4] reicht daher vom Schraubendreher bis hin zu einer komplexen Produktionsanlage.

Zudem verpflichtet die BetrSichV [4] in § 5 Absatz 1 und 3 Arbeitgeber dazu, nur Arbeitsmittel zur Verfügung zu stellen und verwenden zu lassen, die unter Berücksichtigung der vorgesehenen Einsatzbedingungen bei der Verwendung sicher sind und den geltenden Rechtsvorschriften über Sicherheit und Gesundheitsschutz entsprechen. Neben den allgemeinen Anforderungen der BetrSichV [4] muss insbesondere bei z. B. elektrischen Betriebsmitteln, Druckgeräten und Maschinen gewährleistet sein, dass die Anforderungen des Produktsicherheitsgesetzes (ProdSG) [14] und seinen Verordnungen (ProdSV) eingehalten werden.

Dabei muss sichergestellt werden, dass nur Maschinen verwendet werden, die CE-gekennzeichnet sind und bei denen durch eine EU-Konformitätserklärung (bzw. -bescheinigung) bestätigt wird, dass das Produkt nach den relevanten Beschaffenheitsanforderungen konzipiert und gebaut wurde, und dass die Konformitätsprüfung ergeben hat, dass alle relevanten Beschaffenheitsanforderungen eingehalten werden. Des Weiteren muss eine Betriebsanleitung vorhanden sein. Bei bestimmten Geräten müssen darüber hinaus die Anforderungen an die umweltgerechte Gestaltung (Ökodesign) eingehalten sein.

Um das alles zu gewährleisten, empfiehlt es sich, einen Beschaffungsprozess zu definieren. Dies entspricht auch der Betriebssicherheitsverordnung BetrSichV [4], der zufolge schon vor der Auswahl und Beschaffung der Arbeitsmittel mit der Erstellung der Gefährdungsbeurteilung begonnen werden sollte, um sicherzustellen, dass Maßnahmen von vornherein so geplant werden, dass Technik, Arbeitsorganisation und sonstige Arbeitsbedingungen sachgerecht miteinander verzahnt sind. Die Bekanntmachung zur Betriebssicherheitsverordnung BekBS 1113 „Beschaffung von Arbeitsmitteln" [5] gibt hierzu weitere umfassende Hinweise. Sie sieht in der Konkretisierung des Bedarfs und der Anforderungen an ein Arbeitsmittel bereits den ersten Teil der Gefährdungsbeurteilung.

Es ist wichtig, gleich zu Beginn des Beschaffungsprozesses festzulegen, wer am Prozess beteiligt sein soll. Neben beispielsweise der Fachkraft für Arbeitssicherheit und dem Betriebsarzt sollte unbedingt der Einkauf von Anfang an miteinbezogen werden, denn letztendlich bestellt er die Arbeitsmittel und muss daher genau wissen, welche Anforderungen zu erfüllen sind.

Wie auch in der Gefährdungsbeurteilung sollen im Beschaffungsprozess die zu verrichtenden Aufgaben, vorhanden Umgebungsbedingungen, erforderlichen Sicherheitsanforderungen und sonstigen Bedingungen und Hinweise berücksichtigt und beurteilt und anschließend entsprechende Maßnahmen abgeleitet werden. All dies sollte im Rahmen einer Auflistung der Anforderungen an die zu beschaffenden Arbeitsmittel (Anforderungsliste) zusammengefasst werden.

Danach folgt die eigentliche Aufgabe des Einkaufs: Angebote einholen, miteinander vergleichen und mit der Anforderungsliste abgleichen sowie die entsprechenden Arbeitsmittel und Lieferanten auswählen. Dabei sollten die angebotenen Arbeitsmittel unbedingt auch hinsichtlich der Sicherheit überprüft werden: Entsprechen die Arbeitsmittel wirklich den geforderten Sicherheits- und Gesundheitsschutzanforderungen (z. B. CE-Kennzeichen)? Erst wenn diese Frage bejaht werden kann, sollte der Auftrag erteilt werden. Dabei sollten Liefer- und Leistungsumfänge dokumentiert werden und zugleich festgelegt werden, ab wann die Verantwortung des Lieferanten auf den Arbeitgeber übergeht. Schlussendlich sind die Arbeitsmittel zur Verfügung zu stellen. Nach einer Eingangskontrolle erfolgt ggf. eine Montage am Verwendungsort. Sodann ist zu prüfen, ob alles der Spezifikation entsprechend aufgebaut und dokumentiert wurde und die Anlage betriebsbereit und sicher ist. Oftmals empfiehlt sich ein kurzer Probebetrieb. Mit der Abnahme durch den Auftraggeber geht schließlich die Verantwortung vom Lieferanten auf ihn über.

Nach dem Beschaffungsprozess sollte noch einmal überprüft werden, ob die zuvor abgeleiteten Maßnahmen umgesetzt wurden. Neben der Dokumentation der Wirksamkeit der Maßnahmen sollen insbesondere auch Angaben zur Instandhaltung festgehalten werden. Bei bestimmten Anlagen erfolgt eine weitere Prüfung vor Inbetriebnahme (mehr dazu unter Kapitel 2.2.1). Bevor die Arbeitsmittel den Mitarbeitern letztendlich zur Verfügung gestellt werden, müssen noch die erforderlichen Anweisungen (z. B. Arbeits- und Betriebsanweisungen) erstellt werden.

2.2 Die grundsätzliche Prüfpflicht

2.2.1 Prüfarten/-fristen, Prüfer und Verbindung zur Gefährdungsbeurteilung

Gemäß § 14 der Betriebssicherheitsverordnung (BetrSichV) [4] gilt die Prüfpflicht grundsätzlich für alle Arbeitsmittel,

- deren Sicherheit von den Montagebedingungen abhängt,
- die Schäden verursachenden Einflüssen ausgesetzt sind, die zu Gefährdungen der Beschäftigten führen können,
- die von Änderungen oder außergewöhnlichen Ereignissen betroffen sind, die schädigende Auswirkungen auf ihre Sicherheit haben können, durch die Beschäftigte gefährdet werden können (Unfälle, längere Nichtverwendung).

Dabei sieht § 14 sowohl eine Prüfung vor Inbetriebnahme als auch wiederkehrende Prüfungen danach vor.

Je nach Art der Arbeitsmittel bzw. Prüfungen sind die Prüfungen von

- einer befähigten Person (schriftlich bestellt, Qualifikation gemäß TRBS 1203 [6]),
- einer zugelassenen Überwachungsstelle (ZÜS, von der Landesbehörde als Prüfstelle für einen bestimmten Aufgabenbereich zugelassen),
- einer zugelassenen Prüfstelle von Unternehmen und/oder Unternehmensgruppen

durchzuführen (siehe auch Kapitel 2.3, Seite 16).

Nach § 3 Absatz 6 BetrSichV [4] hat der Arbeitgeber Art und Umfang erforderlicher Prüfungen sowie die Fristen wiederkehrender Prüfungen in der Gefährdungsbeurteilung zu ermitteln und festzulegen.

Es empfiehlt sich, dazu das „Instandhaltungs-Management" zu erweitern und

- sinnvolle/spezifische Arbeitsmittelgruppen zu definieren,
- die Prüfanforderungen dafür zu ermitteln und
- dabei festzulegen, welche Prüfungen durch Externe (ZÜS) durchzuführen sind und welche durch interne befähigte Personen durchgeführt werden,

- die erforderlichen Fachkenntnisse der befähigten Personen zu belegen und diese schriftlich zu bestellen sowie
- fristgerecht die Prüfungen zu organisieren und
- die Prüfergebnisse zu dokumentieren.

Arbeitgeber sollten in ihrer Gefährdungsbeurteilung auf ihr „Instandhaltungs-Management" verweisen und im Rahmen der Überprüfung ihrer Gefährdungsbeurteilung sicherstellen, dass die betrachteten Arbeitsmittel auch tatsächlich in ihm enthalten sind.

2.2.2 Prüfaufzeichnungen und -bescheinigungen

Nach der Betriebssicherheitsverordnung (BetrSichV) [4] hat der Arbeitgeber dafür zu sorgen, dass das Prüfungsergebnis aufgezeichnet wird. Sofern die Prüfung von einer zugelassenen Überwachungsstelle durchzuführen ist, ist von dieser eine Prüfbescheinigung über das Ergebnis der Prüfung zu fordern. Aufzeichnungen und Prüfbescheinigungen müssen mindestens Auskunft geben über:

- Anlagenidentifikation
- Prüfdatum
- Art der Prüfung
- Prüfungsgrundlagen
- Prüfumfang
- Eignung und Funktion der technischen Schutzmaßnahmen sowie Eignung der organisatorischen Schutzmaßnahmen
- Ergebnis der Prüfung
- Frist bis zur nächsten wiederkehrenden Prüfung (§ 16 Absatz 2)
- Name und Unterschrift des Prüfers, bei Prüfung durch zugelassene Überwachungsstellen zusätzlich Name der zugelassenen Überwachungsstelle; bei ausschließlich elektronisch übermittelten Dokumenten die elektronische Signatur

Aufzeichnungen und Prüfbescheinigungen sind während der gesamten Verwendungsdauer am Betriebsort der überwachungsbedürftigen Anlage aufzubewahren und der zuständigen Behörde auf Verlangen vorzulegen. Sie können auch in elektronischer Form aufbewahrt werden.

Zudem muss bei Aufzugsanlagen in deren Kabine eine Kennzeichnung, z. B. in Form einer Prüfplakette, deutlich sichtbar und dauerhaft angebracht sein, aus der sich Monat und Jahr der nächsten wiederkehrenden Prüfung sowie der prüfenden Stelle ergibt.

2.3 Organisation

2.3.1 Befähigte Person

Die Betriebssicherheitsverordnung (BetrSichV) [4] definiert in § 2

- als fachkundig, wer zur Ausübung einer in ihr bestimmten Aufgabe über die erforderlichen Fachkenntnisse verfügt. Die Anforderungen an die Fachkunde sind abhängig von der jeweiligen Art der Aufgabe. Zu den Anforderungen zählen eine entsprechende Berufsausbildung, Berufserfahrung oder eine zeitnah ausgeübte entsprechende berufliche Tätigkeit. Die Fachkenntnisse sind durch Teilnahme an Schulungen auf aktuellem Stand zu halten.
- eine zur Prüfung befähigte Person als eine Person, die durch ihre Berufsausbildung, ihre Berufserfahrung und ihre zeitnahe berufliche Tätigkeit über die erforderlichen Kenntnisse zur Prüfung von Arbeitsmitteln verfügt; soweit hinsichtlich der Prüfung von Arbeitsmitteln in den Anhängen 2 und 3 weitergehende Anforderungen festgelegt sind, sind diese zu erfüllen.

Die TRBS 1203 „Befähigte Personen" [6] konkretisiert die Voraussetzungen für die erforderlichen Fachkenntnisse einer befähigten Person entsprechend § 2 Absatz 7 BetrSichV [4].

Der Arbeitgeber muss befähigte Personen mit der Prüfung von Arbeitsmitteln und überwachungsbedürftigen Anlagen auf der Grundlage der Gefährdungsbeurteilung nach § 3 BetrSichV [4] bzw. der sicherheitstechnischen Bewertung beauftragen, wenn Bestimmungen der §§ 10, 14, 15 und 17 BetrSichV [4] sowie des Anhangs 4 Teil A Nr. 3.8 der BetrSichV [4] zur Anwendung kommen.

Gemäß der BetrSichV [4] müssen befähigte Personen für die genannten Prüfungen über die erforderlichen Fachkenntnisse verfügen. Diese werden erworben durch

- Berufsausbildung,
- Berufserfahrung und
- zeitnahe berufliche Tätigkeit.

Allgemeine Anforderungen an befähigte Personen

TRBS 1203 „Befähigte Personen" [6] Pkt. 2

Aufgrund der Fachkenntnisse aus Berufsausbildung, Berufserfahrung und zeitnaher beruflicher Tätigkeit muss ein zuverlässiges Verständnis sicherheitstechnischer Belange gegeben sein, damit Prüfungen ordnungsgemäß durchgeführt werden können. In Abhängigkeit von der Komplexität der Prüfaufgabe (Prüfumfang, Prüfart, Nutzung bestimmter Messgeräte) können die erforderlichen Fachkenntnisse variieren.

1. Berufsausbildung
Die befähigte Person muss eine Berufsausbildung abgeschlossen haben, die es ermöglicht, ihre beruflichen Kenntnisse nachvollziehbar festzustellen. Als abgeschlossene Berufsausbildung gilt auch ein abgeschlossenes Studium. Die Feststellung soll auf Berufsabschlüssen oder vergleichbaren Qualifikationsnachweisen beruhen.

2. Berufserfahrung
Berufserfahrung setzt voraus, dass die befähigte Person eine nachgewiesene Zeit im Berufsleben praktisch mit den zu prüfenden vergleichbaren Arbeitsmitteln umgegangen ist und deren Funktions- und Betriebsweise im notwendigen Umfang kennt. Dabei hat sie genügend Anlässe kennengelernt, die Prüfungen auslösen, z. B. im Ergebnis der Gefährdungsbeurteilung und aus arbeitstäglicher Beobachtung.

Durch Teilnahme an Prüfungen von Arbeitsmitteln hat sie Erfahrungen über die Durchführung der anstehenden Prüfung oder vergleichbarer Prüfungen gesammelt und die erforderlichen Kenntnisse im Umgang mit Prüfmitteln sowie hinsichtlich der Bewertung von Prüfergebnissen erworben.

Berufserfahrung schließt ein, beurteilen zu können, ob ein vorgeschlagenes Prüfverfahren für die durchzuführende Prüfung des Arbeitsmittels geeignet ist. Hierzu gehört auch, dass die Gefährdungen durch die Prüftätigkeit und das zu prüfende Arbeitsmittel erkannt werden können.

3. Zeitnahe berufliche Tätigkeit
Eine zeitnahe berufliche Tätigkeit im Sinne von § 2 Absatz 7 BetrSichV [4] umfasst eine Tätigkeit im Umfeld der anstehenden Prüfung des Prüfgegenstandes und eine angemessene Weiterbildung.

Zur zeitnahen beruflichen Tätigkeit gehört die Durchführung mehrerer Prüfungen pro Jahr (Erhalt der Prüfpraxis).

Bei längerer Unterbrechung der Prüftätigkeit müssen durch die Teilnahme an Prüfungen Dritter erneut Erfahrungen mit Prüfungen gesammelt und die notwendigen fachlichen Kenntnisse erneuert werden.

Die befähigte Person muss über Kenntnisse zum Stand der Technik hinsichtlich des zu prüfenden Arbeitsmittels und der zu betrachtenden Gefährdungen verfügen und diese aufrechterhalten. Sie muss mit der BetrSichV und deren technischem Regelwerk sowie mit weiteren staatlichen Arbeitsschutzvorschriften für den betrieblichen Arbeitsschutz (z. B. ArbSchG [19],

GefStoffV [20]) und deren technischen Regelwerken sowie Vorschriften mit Anforderungen an die Beschaffenheit (z. B. ProdSG [14], einschlägige ProdSV), mit Regelungen der Unfallversicherungsträger und anderen Regelungen (z. B. Normen, anerkannte Prüfgrundsätze) soweit vertraut sein, dass sie den sicheren Zustand des Arbeitsmittels beurteilen kann.

Zusätzliche Anforderungen an befähigte Personen zur Prüfung bestimmter Gefährdungen

TRBS 1203 „Befähigte Personen" [6] Pkt. 3

Explosionsgefährdungen

1. Berufsausbildung
Ergänzend zu den allgemeinen Anforderungen muss die befähigte Person für die Prüfungen zum Explosionsschutz gemäß § 14 Absatz 1 bis 3 und 6 sowie § 15 BetrSichV [4] eine technische Berufsausbildung abgeschlossen haben oder eine andere für die vorgesehenen Prüfaufgaben ausreichende technische Qualifikation besitzen.

Die Qualifikation der befähigten Person für die Prüfungen zum Explosionsschutz gemäß Anhang 4 Teil A Nr. 3.8 BetrSichV [4] kann über

- ein einschlägiges Studium oder
- eine vergleichbare technische Qualifikation oder
- eine andere technische Qualifikation mit langjähriger Erfahrung auf dem Gebiet der Sicherheitstechnik

erworben sein. Im Hinblick auf die Prüfaufgabe muss jedoch ein jeweils vergleichbares Qualifikationsniveau erreicht werden.

2. Berufserfahrung
Die befähigte Person für die Prüfungen zum Explosionsschutz nach § 14 Absatz 1 bis 3 und § 15 BetrSichV [4] muss ergänzend zu den allgemeinen Anforderungen über eine mindestens einjährige Erfahrung mit der Herstellung, dem Zusammenbau oder der Instandhaltung der Anlagen oder Anlagenkomponenten im Sinne von § 1 Absatz 2 Nr. 3 BetrSichV verfügen.

3. Zeitnahe berufliche Tätigkeit
Die befähigte Person für die Prüfungen zum Explosionsschutz nach § 14 Absatz 1 bis 3 und 6 sowie § 15 BetrSichV [4] muss ihre Kenntnisse zum Explosionsschutz auf aktuellem Stand halten, z. B. durch Teilnahme an Schulungen oder Unterweisungen.

Die befähigte Person für die Prüfungen zum Explosionsschutz nach Anhang 4 Teil A Nr. 3.8 BetrSichV [4] muss regelmäßig durch Teilnahme an einem einschlägigen Erfahrungsaustausch auf dem Gebiet des Explosionsschutzes fortgebildet werden.

Die befähigte Person nach § 14 Absatz 6 BetrSichV [4] muss von der zuständigen Behörde für diese Prüfungen anerkannt sein.

Gefährdungen durch Druck

1. Berufsausbildung
Ergänzend zu den allgemeinen Anforderungen muss die befähigte Person für die Prüfungen zum Schutz vor Druckgefährdungen eine technische Berufsausbildung (z. B. als Facharbeiter mit einschlägiger handwerklicher oder industrieller Ausbildung, als Meister oder Techniker oder als Ingenieur) abgeschlossen haben oder eine andere abgeschlossene Berufsausbildung (z. B. Naturwissenschaftler) und zusätzlich eine andere für die vorgesehenen Prüfaufgaben ausreichende technische Qualifikation besitzen.

2. Berufserfahrung
Ergänzend zu den allgemeinen Anforderungen muss die befähigte Person für die Prüfungen zum Schutz vor Druckgefährdungen über eine mindestens einjährige Erfahrung mit der

Herstellung, dem Zusammenbau, dem Betrieb oder der Instandhaltung der zu prüfenden Anlagen oder Anlagenkomponenten im Sinne von § 1 Absatz 2 Satz 1 Nr. 1 BetrSichV [4] verfügen.

3. Zeitnahe berufliche Tätigkeit
Die befähigte Person für die Prüfungen zum Schutz vor Druckgefährdungen muss ihre Kenntnisse über Druckgefährdungen regelmäßig aktualisieren, z. B. durch Teilnahme an Schulungen oder Unterweisungen.

Neben der Kenntnis der rechtlichen Vorschriften sind Kenntnisse erforderlich

- zu Konstruktions- und Herstellungsverfahren,
- zu Ausrüstung und Absicherungskonzepten,
- zu Montage, Installation (Aufstellung) und Betrieb/Verwendung,
- zum bestimmungsgemäßen Betrieb,
- zur Gefährdungsbeurteilung,
- zu Prüfungen, Prüffristen, Prüfverfahren einschließlich der Bewertung der Ergebnisse,
- zu den in der Praxis vorkommenden, relevanten Einflüssen und Schadensbildern.

Elektrische Gefährdungen

1. Berufsausbildung
Ergänzend zu den allgemeinen Anforderungen muss die befähigte Person für die Prüfungen zum Schutz vor elektrischen Gefährdungen eine elektrotechnische Berufsausbildung (z. B. Elektroniker der Fachrichtungen Energie- und Gebäudetechnik, Automatisierungstechnik oder Informations- und Telekommunikationstechnik, Systemelektroniker, Informationselektroniker Schwerpunkt Bürosystemtechnik oder Geräte- und Systemtechnik, Elektroniker für Maschinen und Antriebstechnik sowie vergleichbare industrielle Ausbildungen) abgeschlossen haben, ein abgeschlossenes Studium der Elektrotechnik oder eine andere für die vorgesehenen Prüfaufgaben ausreichende elektrotechnische Qualifikation besitzen.

2. Berufserfahrung
Ergänzend zu den allgemeinen Anforderungen muss die befähigte Person für die Prüfungen zum Schutz vor elektrischen Gefährdungen eine mindestens einjährige Erfahrung mit der Errichtung, dem Zusammenbau oder der Instandhaltung von elektrischen Arbeitsmitteln oder Anlagen aufweisen können.

Personen mit der o. g. elektrotechnischen Berufsausbildung verfügen in der Regel über die erforderliche Berufserfahrung für befähigte Personen für die Prüfungen zum Schutz vor elektrischen Gefährdungen im jeweiligen Tätigkeitsfeld.

3. Zeitnahe berufliche Tätigkeit
Geeignete zeitnahe berufliche Tätigkeiten von befähigten Personen für die Prüfungen zum Schutz vor elektrischen Gefährdungen können z. B. sein:

- Reparatur-, Service- und Wartungsarbeiten
- (abschließende) Prüfung an elektrischen Geräten, Prüfung elektrischer Betriebsmittel in der Industrie, z. B. in Laboratorien und an Prüfplätzen
- Instandsetzung und Prüfung von elektrischen Geräten unter Leitung und Aufsicht einer befähigten Person
Die befähigte Person für die Prüfungen zum Schutz vor elektrischen Gefährdungen muss ihre Kenntnisse der Elektrotechnik aktualisieren, z. B. durch Teilnahme an Schulungen oder an einschlägigem Erfahrungsaustausch.

2.3.2 Blitzschutzfachkraft

Als Blitzschutzfachkraft gilt, wer aufgrund seiner fachlichen Ausbildung, Kenntnisse und Erfahrungen sowie Kenntnis der einschlägigen Normen Blitzschutzsysteme planen, errichten und prüfen kann. Die Bereiche Planung, Prüfung und Errichtung erfordern unterschiedliche Kenntnisse. Eine Blitzschutzfachkraft muss sich laufend über die örtlich geltenden bauaufsichtlichen Vorschriften und die einschlägigen, allgemein anerkannten Regeln der Technik informieren. Der Nachweis kann durch die regelmäßige Teilnahme an nationalen Weiterbildungsmaßnahmen geführt werden. Die Blitzschutzfachkraft verfügt über eine mindestens fünfjährige Berufserfahrung und zeitnahe berufliche Tätigkeiten im Bereich des Blitzschutzes. [52]

2.3.3 Elektrofachkraft

Im Bereich Elektrotechnik tätige Personen

DGUV Information 203-002 „Elektrofachkräfte" [7] Pkt. 1, Pkt. 4

Gemäß der DGUV Information 203-002 „Elektrofachkräfte" [7] gilt als Elektrofachkraft, wer aufgrund seiner fachlichen Ausbildung, Kenntnisse und Erfahrungen sowie Kenntnis der einschlägigen Bestimmungen die ihm übertragenen Arbeiten beurteilen und mögliche Gefahren erkennen kann.

Davon zu unterscheiden sind Elektrofachkräfte für festgelegte Tätigkeiten. Sie dürfen gleichartige, sich wiederholende Arbeiten an Betriebsmitteln, die vom Unternehmer in einer Arbeitsanweisung beschrieben sind, in eigener Fachverantwortung ausführen. Diese festgelegten Tätigkeiten dürfen nur in Anlagen mit Nennspannungen bis 1000 V AC bzw. 1500 V DC und grundsätzlich nur im freigeschalteten Zustand durchgeführt werden. Unter Spannung sind Fehlersuche und Feststellen der Spannungsfreiheit erlaubt.

Die fachlichen Anforderungen an Personen, die elektrotechnische Arbeiten ausführen, werden u.a. in verschiedenen DGUV und VDE-Vorschriften bestimmt, insbesondere in:

- DGUV Vorschrift 3 „Elektrische Anlagen und Betriebsmittel" [11]
- VDE 0105-100 „Betrieb von elektrischen Anlagen" [12]
- VDE 1000-10 „Anforderungen an die im Bereich der Elektrotechnik tätigen Personen" [13]

2.3.3.1 Elektrofachkräfte

Anforderungen

DGUV Information 203-002 „Elektrofachkräfte" [7] Pkt. 4

Eine Elektrofachkraft darf nur in denjenigen Teilgebieten/Arbeitsgebieten der Elektrotechnik Fachverantwortung tragen und elektrotechnische Arbeiten ausführen, für die sie die

- fachliche Ausbildung,
- Kenntnisse und Erfahrungen sowie
- Kenntnisse der einschlägigen Bestimmungen

besitzt, um die ihr übertragenen Arbeiten beurteilen, mögliche Gefahren erkennen und die notwendigen Schutzmaßnahmen festlegen zu können.

Die Forderung nach einer fachlichen Ausbildung ist in der Regel durch den Abschluss einer anerkannten elektrotechnischen Fachausbildung oder einer für die vorgesehenen Aufgaben vergleichbaren elektrotechnischen Qualifikation erfüllt.

Die geforderten Kenntnisse und Erfahrungen werden durch eine zeitnahe berufliche Tätigkeit in dem jeweiligen Teilgebiet der Elektrotechnik erworben und gesammelt.

Unter dem Begriff „Kenntnisse der einschlägigen Bestimmungen" sind in erster Linie die entsprechenden VDE-Bestimmungen, staatliche Rechtsvorschriften und Unfallverhütungsvorschriften zu verstehen.

2.3.3.2 Elektrofachkräfte für festgelegte Tätigkeiten

Anforderungen

DGUV Information 203-002 „Elektrofachkräfte" [7] Pkt. 1

Für diese festgelegten Tätigkeiten muss eine entsprechende Ausbildung in Theorie und Praxis nachgewiesen werden. In der theoretischen Ausbildung müssen, zugeschnitten auf die festgelegten Tätigkeiten, die Kenntnisse der Elektrotechnik, die für das sichere und fachgerechte Durchführen dieser Tätigkeiten erforderlich sind, vermittelt werden.

Die praktische Ausbildung muss an den infrage kommenden Betriebsmitteln durchgeführt werden. Sie muss die Fertigkeiten vermitteln, mit denen die in der theoretischen Ausbildung erworbenen Kenntnisse für die festgelegten Tätigkeiten sicher angewendet werden können. Näheres zur Ausbildung beschreibt der DGUV Grundsatz 303-001 [8] „Ausbildungskriterien für festgelegte Tätigkeiten im Sinne der Durchführungsanweisungen zur Unfallverhütungsvorschrift ‚Elektrische Anlagen und Betriebsmittel'".

Grundlegende Anforderungen an die Ausbildung zur Elektrofachkraft für festgelegte Tätigkeiten

DGUV Grundsatz 303-001 „Ausbildungskriterien für festgelegte Tätigkeiten im Sinne der Durchführungsanweisungen zur Unfallverhütungsvorschrift ‚Elektrische Anlage und Betriebsmittel'" [8]

Voraussetzung für die Ausbildung zur Elektrofachkraft für festgelegte Tätigkeiten ist eine abgeschlossene Berufsausbildung oder eine gleichwertige berufliche Tätigkeit. Diese Ausbildung bzw. Tätigkeit muss für die festgelegten Tätigkeiten durch eine zusätzliche Ausbildung im elektrotechnischen Bereich ergänzbar sein.

Die Dauer der theoretischen Ausbildung ist ausreichend zu bemessen. Die praktische Ausbildung muss an den infrage kommenden Betriebsmitteln durchgeführt werden und die Fertigkeiten vermitteln, mit denen die in der theoretischen Ausbildung erworbenen Kenntnisse für die festgelegten Tätigkeiten sicher angewendet werden können.

Die Ausbildung ist mit einer Prüfung abzuschließen, in der der Teilnehmer die erforderlichen Kenntnisse in Theorie und Praxis nachweisen muss. Nach erfolgreicher Prüfung wird ein Zertifikat ausgestellt, in dem bescheinigt wird, mit welchen Tätigkeiten der Teilnehmer künftig vom Unternehmer beauftragt werden darf.

Die Ausbildung muss durch fachlich qualifizierte Personen (z. B. Meister in einem elektrotechnischen Beruf) durchgeführt werden. Einschlägige Erfahrung in der Berufsausbildung ist wünschenswert.

Ausbildung zur Elektrofachkraft für festgelegte Tätigkeiten im Rahmen des Handwerks

1. Grundausbildung

Die Grundausbildung umfasst einen theoretischen und einen praktischen Teil. Die Ausbildungsdauer muss mindestens 80 Stunden betragen.

Im theoretischen Teil müssen die im Ausbildungsplan gemäß Beispiel nach Anhang 1 enthaltenen Lehrinhalte vermittelt werden.

Im praktischen Teil müssen die in der theoretischen Ausbildung erworbenen Kenntnisse praxisbezogen umgesetzt und angewendet werden.

2. Betriebliche Fachausbildung

Soweit in der Grundausbildung betriebsbezogene Kenntnisse und Fertigkeiten für die festgelegten Tätigkeiten nicht vermittelt werden können, ist die Grundausbildung durch eine betriebliche Fachausbildung zu ergänzen. In der betrieblichen Fachausbildung müssen Kenntnisse erworben und Fertigkeiten trainiert werden, die – in Ergänzung zur Grundausbildung – für die Ausführung der festgelegten Tätigkeiten notwendig sind.

Eine Dauer für die betriebliche Fachausbildung kann nicht angegeben werden. Sie hängt vom Umfang und dem Schwierigkeitsgrad der festgelegten Tätigkeiten ab. Die Ausbildungszeit ist so zu bemessen, dass die festgelegten Tätigkeiten in eigener Fachverantwortung sicher ausgeführt werden können.

Sinngemäß können diese Anforderungen auf ähnliche Tätigkeiten außerhalb des Handwerks angewendet werden.

Ausbildung zur Elektrofachkraft für festgelegte Tätigkeiten in der Industrie und in sonstigen gewerblichen Bereichen

Wegen der Komplexität der verschiedenen Tätigkeiten (insbesondere Instandhaltung, Inbetriebnahme, Kundendienst) muss die Ausbildung entsprechend konzipiert werden.

Die Ausbildung umfasst einen theoretischen und einen praktischen Teil, der zum Teil im Betrieb durchgeführt werden muss. Im praktischen Teil müssen die in der theoretischen Ausbildung erworbenen Kenntnisse praxisbezogen umgesetzt und angewendet werden.

Die Ausbildung soll die Elektrofachkraft für festgelegte Tätigkeiten befähigen, die festgelegten Tätigkeiten weitgehend eigenverantwortlich durchführen zu können. Es ist jedoch erforderlich, dass eine verantwortliche Elektrofachkraft die Fachverantwortung wahrnimmt.

Ein beispielhafter Ausbildungsplan setzt sich aus folgenden Teilen zusammen:

- Vorkurs (Grundkenntnisse) – 2 Wochen
- Fachtheorie – 8 Wochen
- Fachpraxis – 4 Wochen
- Betriebliche Qualifizierung (im Betrieb) – mindestens 4 Wochen

Nachweis der Ausbildung

Am Ende der Ausbildung sind in einer Theorie und Praxis umfassenden Prüfung die erworbenen Kenntnisse und Fertigkeiten nachzuweisen. In einem Zertifikat sind die Tätigkeiten auszuführen, die Gegenstand der Ausbildung waren.

2.3.4 Sachverständige, zugelassene Überwachungsstelle (ZÜS)

2.3.4.1 Sachverständige

Gemäß der Betriebssicherheitsverordnung (BetrSichV) [4] sind Prüfsachverständige zur Prüfung befähigte Personen, die zusätzlich

- eine abgeschlossene Ausbildung als Ingenieur haben oder vergleichbare Kenntnisse und Erfahrungen in der Fachrichtung aufweisen, auf die sich ihre Tätigkeit bezieht,
- mindestens 3 Jahre Erfahrung in der Konstruktion, dem Bau, der Instandhaltung oder der Prüfung von den entsprechenden Betriebsmitteln haben und davon mindestens ein halbes Jahr an der Prüftätigkeit eines Prüfsachverständigen beteiligt waren,
- ausreichende Kenntnisse über die einschlägigen Vorschriften und Regeln besitzen,
- über die für die Prüfung erforderlichen Einrichtungen und Unterlagen verfügen und
- ihre fachlichen Kenntnisse auf aktuellem Stand halten.

2.3.4.2 Zugelassene Überwachungsstellen (ZÜS) (BetrSichV [4] Anhang 2 Abschnitt 1)

Zulassung von Überwachungsstellen

Die Betriebssicherheitsverordnung (BetrSichV) [4] fordert, dass über die Anforderungen des Produktsicherheitsgesetzes [14] hinaus folgende Voraussetzungen für die Erteilung der Befugnis zu erfüllen sind:

Die zugelassene Überwachungsstelle muss

- eine Haftpflichtversicherung mit einer Deckungssumme von mindestens 2,5 Millionen Euro besitzen,

- mindestens die Prüfung aller überwachungsbedürftigen Anlagen jeweils nach der BetrSichV [4] Abschnitte 2, 3 oder 4 vornehmen können,
- eine Leitung haben, die die Gesamtverantwortung dafür trägt, dass die Prüftätigkeiten in Übereinstimmung mit den Bestimmungen der BetrSichV [4] durchgeführt werden,
- ein angemessenes, wirksames Qualitätssicherungssystem mit regelmäßiger interner Auditierung anwenden,
- gewährleisten, dass die mit Prüfungen beschäftigten Personen nur mit solchen Aufgaben betraut werden, bei deren Erledigung die Unparteilichkeit der Personen gewahrt bleibt, und
- über ein Vergütungssystem verfügen, bei dem die Vergütung der mit den Prüfungen beschäftigten Personen weder unmittelbar von der Anzahl der durchgeführten Prüfungen noch von deren Ergebnissen abhängt.

Zulassung von Prüfstellen von Unternehmen und Unternehmensgruppen

Als zugelassene Überwachungsstellen dürfen Prüfstellen von Unternehmen und Unternehmensgruppen benannt werden, wenn

- dies sicherheitstechnisch angezeigt ist,
- folgende Voraussetzungen erfüllt sind:
  Die zugelassene Überwachungsstelle
  – muss eine Leitung haben, die die Gesamtverantwortung dafür trägt, dass die Prüftätigkeiten in Übereinstimmung mit den Bestimmungen der BetrSichV [4] durchgeführt werden,
  – ein angemessenes, wirksames Qualitätssicherungssystem mit regelmäßiger interner Auditierung anwenden,
  – gewährleisten, dass die mit Prüfungen beschäftigten Personen nur mit solchen Aufgaben betraut werden, bei deren Erledigung die Unparteilichkeit der Personen gewahrt bleibt, und
  – über ein Vergütungssystem verfügen, bei dem die Vergütung der mit den Prüfungen beschäftigten Personen weder unmittelbar von der Anzahl der durchgeführten Prüfungen noch von deren Ergebnissen abhängt.
- und die Prüfstellen
  – organisatorisch abgrenzbar sind,
  – innerhalb des Unternehmens oder der Unternehmensgruppe über Berichtsverfahren verfügen, die ihre Unparteilichkeit sicherstellen und belegen,
  – nicht für die Planung, die Herstellung, den Vertrieb, den Betrieb oder die Instandhaltung der überwachungsbedürftigen Anlage verantwortlich sind,
  – keinen Tätigkeiten nachgehen, die mit der Unabhängigkeit ihrer Beurteilung und ihrer Zuverlässigkeit im Rahmen ihrer Überprüfungsarbeiten in Konflikt kommen können, und
  – ausschließlich für das Unternehmen oder die Unternehmensgruppe tätig sind.

Die Prüfstellen dürfen nur für Prüfungen an überwachungsbedürftigen Anlagen im Sinne der BetrSichV [4] Abschnitte 3 und 4 benannt werden. Zu einer Unternehmensgruppe gehören Unternehmen nach den §§ 16 und 17 des Aktiengesetzes [9] sowie Gemeinschaftsunternehmen, an denen das Unternehmen, dem die Prüfstelle angehört, eine Beteiligung von über 50 Prozent hält.

2.3.5 Aufsichtführender, Sicherungsposten

2.3.5.1 Aufsichtführender

DGUV Information 215-830 „Einsatz von Fremdfirmen im Rahmen von Werkverträgen" [10]

Bei Tätigkeiten mit besonderen Gefahren hat der Auftraggeber sicherzustellen, dass diese durch einen Aufsichtführenden überwacht werden, der die Durchführung der festgelegten Schutzmaßnahmen sicherstellt.

Die Anforderungen an den Aufsichtführenden werden für spezifische Arbeiten, z. B. Instandhaltungsarbeiten in umschlossenen Räumen von abwassertechnischen Anlagen, ergänzt. Die DGUV Regel 103-003 „Arbeiten in umschlossenen Räumen von abwassertechnischen Anlagen" [15] besagt:

Der Unternehmer hat vor Beginn der Arbeiten in umschlossenen Räumen von abwassertechnischen Anlagen eine zuverlässige, mit den Arbeiten vertraute Person, die die Aufsicht führt und weisungsbefugt ist, einzusetzen.

Geeignet sind Personen, die mit den möglichen Gefährdungen und Schutzmaßnahmen vertraut sind. Aufsichtführende können z. B. sein:

- Unternehmer
- Betriebsleiter
- Meister
- Vorarbeiter
- vom Unternehmer beauftragte Mitarbeiter

Der Aufsichtführende kann im Auftrag des Unternehmers den Erlaubnisschein ausstellen. Er hat die Einhaltung der festgelegten Schutzmaßnahmen zu überwachen.

Vom Aufsichtführenden sind die erforderlichen Kontrollen vor Beginn und während der Arbeiten in angemessenen Zeitabständen durchzuführen.

Die Zeitabstände sind abhängig von

- dem Gefährdungspotenzial,
- der Zuverlässigkeit der Mitarbeiter und
- der Art der getroffenen Schutzmaßnahmen.

Der Aufsichtführende muss sich nicht ständig in unmittelbarer Nähe der Arbeiten aufhalten, jedoch kurzfristig verfügbar sein.

In einer Gruppe von zwei oder mehr Personen muss ein Aufsichtführender benannt sein. Im Allgemeinen sollte nur die Person über Tage, bei Arbeiten in Kanälen auch die auf der Schachtsohle befindliche Person, als Aufsichtführender eingesetzt werden.

Anforderungen bei der Oberflächenbehandlung in Räumen und Behältern

TRGS 507 „Oberflächenbehandlung in Räumen und Behältern" [16] Pkt. 4.1

Der Arbeitgeber hat vor Aufnahme der Arbeiten eine zuverlässige und mit den Arbeiten, den dabei auftretenden Gefährdungen und den erforderlichen Schutzmaßnahmen vertraute Person als Aufsichtsführenden zu beauftragen.

Als Aufsichtsführender darf nur bestellt werden, wer aufgrund seiner fachlichen Ausbildung und Erfahrung ausreichende Kenntnisse auf dem Gebiet der Oberflächenbehandlung in Räumen und Behältern hat und mit den einschlägigen staatlichen Arbeitsschutzvorschriften, Unfallverhütungsvorschriften, Richtlinien und allgemein anerkannten Regeln der Technik soweit vertraut ist, dass er den arbeitssicheren Zustand bei Oberflächenbehandlungsarbeiten in Räumen und Behältern beurteilen kann. Die erforderlichen Kenntnisse können auch durch erfolgreiche Teilnahme an einem Lehrgang (Lehrgangsinhalt siehe Anlage 3) erworben werden.

2.3.5.2 Sicherungsposten

Anforderungen bei Instandhaltungsarbeiten in umschlossenen Räumen von abwassertechnischen Anlagen

DGUV Regel 103-003 „Arbeiten in umschlossenen Räumen von abwassertechnischen Anlagen" [15] Pkt. 4.1.6

Der Unternehmer hat bei Arbeiten in umschlossenen Räumen von abwassertechnischen

Anlagen mindestens einen Sicherungsposten einzusetzen. Dieser hat mit den im Schacht oder umschlossenen Raum tätigen Mitarbeiter ständige Verbindung zu halten.

Der Sicherungsposten muss zuverlässig sein und über die erforderlichen geistigen und körperlichen Fähigkeiten verfügen.

Ständige Verbindung besteht in der Regel bei einer Sichtverbindung. Ist eine Sichtverbindung nicht möglich, kann eine ständige Verbindung auch über andere Mittel, z. B. Sprechverbindung oder Signalleinen, aufrechterhalten werden.

Der Sicherungsposten muss jederzeit Hilfe herbeiholen können. Er muss mit den festgelegten Rettungsmaßnahmen nach Abschnitt 6 (Notfall- und Rettungsmaßnahmen) vertraut sein.

Bei Arbeiten in Kanälen sollen z. B. die im Kanal befindlichen Personen über eine weitere Person auf der Schachtsohle in ständiger Sichtverbindung mit der Person über Tage stehen. Die Anzahl der Personen zur Aufrechterhaltung der Sichtverbindung richtet sich nach der Art des Bauwerks.

Jede nach der ersten folgende Person darf erst dann einsteigen, wenn von der Person auf der Schachtsohle ein entsprechendes Signal gegeben worden ist.

Anforderungen bei der Oberflächenbehandlung in Räumen und Behältern

TRGS 507 „Oberflächenbehandlung in Räumen und Behältern" [16] Pkt. 4.2

Bei den Arbeiten muss eine ständige Verbindung mit einem zuverlässigen und unterwiesenen sowie für seine Aufgaben qualifizierten Sicherungsposten bestehen. Der Sicherungsposten muss sich außerhalb des Raumes befinden, jederzeit Hilfe herbeiholen können und mit den festgelegten Rettungsmaßnahmen vertraut sein.

2.3.6 Zugelassene Untersuchungsstelle

Untersuchungsstellen zur Durchführung von Hauptuntersuchungen und Untersuchungen der Abgase sowie Sicherheitsprüfungen und wiederkehrenden Gasanlagenprüfungen

StVZO [96] Anlage VIIId Pkt. 4

Hauptuntersuchungen und Untersuchungen der Abgase der Kraftfahrzeuge sowie Sicherheitsprüfungen und wiederkehrende Gasanlagenprüfungen dürfen von den hierzu berechtigten Personen nur an den Untersuchungsstellen durchgeführt werden, die die Vorschriften der Anlage VIIId erfüllen. Die Untersuchungsstellen der Technischen Prüfstellen und der amtlich anerkannten Überwachungsorganisationen sind der zuständigen obersten Landesbehörde oder den von ihr bestimmten oder nach Landesrecht zuständigen Stellen unter Angabe der Ausstattungsmerkmale sowie der zu untersuchenden und prüfenden Fahrzeugarten zu melden. Darüber hinaus sind die Prüfstellen und auf Anforderung die anderen Untersuchungsstellen zur Anerkennung zu melden.

Die Hauptuntersuchungen durch amtlich anerkannte Sachverständige oder Prüfer für den Kraftfahrzeugverkehr (aaSoP) der Technischen Prüfstellen sollen in der Regel in deren Prüfstellen nach Nr. 2.1 der Anlage VIIId, die Hauptuntersuchungen durch die amtlich anerkannten Überwachungsorganisationen sollen in der Regel in Prüfstützpunkten nach Nr. 2.2 der Anlage VIIId oder auf Prüfplätzen nach Nr. 2.3 der Anlage VIIId durchgeführt werden.

Die zuständige oberste Landesbehörde oder die von ihr bestimmten oder nach Landesrecht zuständigen Stellen oder die zuständige Anerkennungsstelle können selbst prüfen oder durch von ihr bestimmte sachverständige Personen oder Stellen prüfen lassen, ob die für die Untersuchungsstellen geltenden Vorschriften eingehalten sind. Technische Prüfstellen und amtlich anerkannte Überwachungsorganisationen müssen die erstmalige Überprüfung jeweils für ihren Bereich selbst durchführen, wenn die zuständige Stelle oder die zuständige Anerkennungsstelle sie dazu beauftragt hat.

Die regelmäßig wiederkehrende Prüfung von Prüfstützpunkten erfolgt hierbei mindestens alle drei Jahre durch die zuständigen Stellen. Die mit der Prüfung beauftragten Personen sind befugt, Grundstücke und Geschäftsräume, die zur gemeldeten Untersuchungsstelle gehören, während der Geschäfts- und Betriebszeiten zu betreten, dort Prüfungen und Besichtigungen vorzunehmen und die vorgeschriebenen Aufzeichnungen einzusehen. Der Inhaber der Untersuchungsstelle hat diese Maßnahmen zu dulden, soweit erforderlich die beauftragten Personen dabei zu unterstützen und auf Verlangen die vorgeschriebenen Aufzeichnungen vorzulegen. Der Inhaber der Untersuchungsstelle hat die Kosten der Prüfung zu tragen.

Die zuständigen Stellen führen einen Nachweis über die durchgeführten Überprüfungen der Prüfstützpunkte und teilen die Ergebnisse, insbesondere Abweichungen, den dort tätigen Technischen Prüfstellen und Überwachungsorganisationen mit.

2.4 Gefährdungsbeurteilung

2.4.1 Betriebssicherheitsverordnung (BetrSichV) [4]

§3: Pflicht zur Erstellung einer Gefährdungsbeurteilung

Im Rahmen der Gefährdungsbeurteilung sind u. a. Art und Umfang erforderlicher Prüfungen von Arbeitsmitteln sowie die Fristen ggf. erforderlicher wiederkehrender Prüfungen zu ermitteln und festzulegen.

§8: Schutzmaßnahmen bei Gefährdungen durch Energien, Ingangsetzen und Stillsetzen

Ziele, die im Rahmen von Gefährdungsbeurteilungen zu konkretisieren und umzusetzen sind, ist der Schutz der Beschäftigten vor:

- elektrischer Spannung
- elektrostatischer Aufladung
- Störungen in der Energieversorgung
- unzureichender Instrumentierung (Ausstattung mit Mess-, Steuer- und Regeleinrichtungen)
- unbeabsichtigter Inbetriebnahme

§9: Weitere Schutzmaßnahmen bei der Verwendung von Arbeitsmitteln

In den Gefährdungsbeurteilungen sind im Zusammenhang mit Arbeitsmitteln zu berücksichtigen:

- Standsicherheit
- erforderliche sicherheitstechnische Ausrüstung
- Belastungen durch innere und äußere Kräfte
- Splitter- und Bruchgefahr
- Gewährleistung sicherer Zugänge und eines gefahrlosen Aufenthalts
- Absturz von Arbeitsmitteln und Beschäftigten
- unbeabsichtigtes Einschließen (z. B. Aufzüge)
- Gefährdungen durch bewegte Teile
- äußere Einwirkungen (z. B. Witterung)
- heiße/kalte Oberflächen
- scharfe Ecken und Kanten
- sichere Verlegung von Leitungen
- Gefährdungen durch außer Betrieb gesetzte Arbeitsmittel
- Explosionsgefahren mit Verweis auf Pflicht zur Erstellung von Explosionsschutzdokumenten gemäß Gefahrstoffverordnung (GefStoffV) [20] und Verwendung von Arbeitsmitteln gemäß der Explosionsschutzrichtlinie (Richtlinie 2014/34/EU [21])

Soweit nach der Gefährdungsbeurteilung erforderlich, müssen an Arbeitsmitteln oder in deren Gefahrenbereich ausreichende, verständliche und gut wahrnehmbare Sicherheitskennzeichnungen und Gefahrenhinweise sowie Einrichtungen zur angemessenen, unmissverständlichen und leicht wahrnehmbaren Warnung im Gefahrenfall vorhanden sein.

§10: Schutzmaßnahmen bei Instandhaltung oder Änderung von Arbeitsmitteln

Für Instandhaltungsmaßnahmen sind Gefährdungsbeurteilungen durchzuführen und die darin definierten Schutzmaßnahmen umzusetzen.

Der Arbeitgeber hat alle erforderlichen Maßnahmen zu treffen, damit Instandhaltungsarbeiten sicher durchgeführt werden können. Dabei hat er insbesondere

- die Verantwortlichkeiten für die Durchführung der erforderlichen Sicherungsmaßnahmen festzulegen;
- eine ausreichende Kommunikation zwischen Bedien- und Instandhaltungspersonal sicherzustellen;
- den Arbeitsbereich während der Instandhaltungsarbeiten abzusichern;
- das Betreten des Arbeitsbereichs durch Unbefugte zu verhindern, soweit das nach der Gefährdungsbeurteilung erforderlich ist;
- sichere Zugänge für das Instandhaltungspersonal vorzusehen;
- Gefährdungen durch bewegte oder angehobene Arbeitsmittel oder deren Teile sowie durch gefährliche Energien oder Stoffe zu vermeiden;
- dafür zu sorgen, dass Einrichtungen vorhanden sind, mit denen Energien beseitigt werden können, die nach einer Trennung des instand zu haltenden Arbeitsmittels von Energiequellen noch gespeichert sind; diese Einrichtungen sind entsprechend zu kennzeichnen;
- sichere Arbeitsverfahren für solche Arbeitsbedingungen festzulegen, die vom Normalzustand abweichen;
- erforderliche Warn- und Gefahrenhinweise bezogen auf Instandhaltungsarbeiten an den Arbeitsmitteln zur Verfügung zu stellen;
- dafür zu sorgen, dass nur geeignete Geräte und Werkzeuge sowie eine geeignete persönliche Schutzausrüstung verwendet werden;
- bei Auftreten oder Bildung gefährlicher explosionsfähiger Atmosphäre Schutzmaßnahmen gemäß Explosionsschutzdokument zu treffen;
- Systeme für die Freigabe bestimmter Arbeiten anzuwenden.

§13: Zusammenarbeit verschiedener Arbeitgeber (Fremdfirmenmanagement)

Pflicht zum gegenseitigen Informationsaustausch und ggf. zur gemeinsamen Erstellung von Gefährdungsbeurteilungen

Besteht bei der Verwendung von Arbeitsmitteln eine zusätzliche Gefährdung von Beschäftigten anderer Arbeitgeber, ist für die Abstimmung der jeweils erforderlichen Schutzmaßnahmen durch die beteiligten Arbeitgeber eine Person schriftlich zu bestellen, die hinsichtlich der zu treffenden Schutzmaßnahmen weisungsbefugt ist. Sofern aufgrund anderer Arbeitsschutzvorschriften bereits eine Person für die Koordinierung des Arbeitsschutzes benannt ist, kann diese auch die Koordinationsaufgaben nach der Betriebssicherheitsverordnung (BetrSichV) [4] übernehmen.

2.4.2 TRBS 1112 [17]

Pkt. 3.1: Regelungen der Zusammenarbeit

Grundsätzlich trägt jeder Arbeitgeber die Verantwortung für Sicherheit und Gesundheit seiner Beschäftigten und hat auf der Basis der Gefährdungsbeurteilung die notwendigen Maßnahmen festzulegen.

Dabei sind insbesondere zu berücksichtigen:

- Gefährdungen, die von dem instand zu haltenden Arbeitsmittel ausgehen, z. B. Arbeitsstoffe, gefährliche Strahlung, frei zugängliche Maschinenteile, sich in Betrieb befindliche angrenzende Arbeitsmittel, Betriebs- und Schaltzustände
- Gefährdungen durch die Instandhaltungsmaßnahme an der Arbeitsstelle, z. B. Absturzgefahren durch Bodenöffnungen, undefinierte Schaltzustände, eingeschränkte Bewegungsfreiheit, eingesetzte Hilfsmittel (z. B. Krane)

Pkt. 4: Gefährdungsbeurteilung

Für jede ausgeübte Tätigkeit und für jeden Arbeitsplatz in der Instandhaltung ist eine Gefährdungsbeurteilung durchzuführen, um die Sicherheit und Gesundheit aller Beschäftigten zu gewährleisten und Schäden an Einrichtungen, die zu Gefährdungen der Beschäftigten führen können, zu verhindern oder, wenn dies nicht möglich ist, soweit wie möglich zu minimieren. Die Ergebnisse der Gefährdungsbeurteilung sind nachweisbar festzuhalten.

Bei wiederkehrenden, gleichen oder ähnlichen Instandhaltungsarbeiten kann eine vorhandene Gefährdungsbeurteilung genutzt werden. Vor Aufnahme der Arbeiten ist jedoch zu prüfen, ob die in der vorliegenden Gefährdungsbeurteilung getroffenen und dokumentierten Festlegungen auch ausreichend und anwendbar sind. Ansonsten ist die Gefährdungsbeurteilung zu aktualisieren.

Abwasseranlagen Anschlagmittel Anschlag-Drahtseile Anschlag-Faserseile Anschlag-Ketten Aufzüge Blitzschutzanlagen Brandmelde- und Feuerschutzeinrichtungen Muster-Prüfverordnung Feuerlöschanlagen mit Wasser Feuerlöschanlagen mit Gas Feuerlöscher Brandschutztüren und -tore Dampfkesselanlagen Dampfkessel Druckanlagen Kälte- und Wärmepumpenanlagen Kompressoren Elektrische Betriebsmittel Fenster/Oberlichter (kraftbetrieben) Feuerungsanlagen feste Brennstoffe Flüssige Brennstoffe Gasförmige Brennstoffe Fahrzeuge PKW und LKW Flurförderzeuge Flüssiggasanlagen Geräte, Geschirre und Hilfsmittel Werkzeuge Elektrowerkzeuge Persönliche Schutzausrüstung Verdunstungskühlanlagen Hydraulikschlauchleitungen Kipp- und Absetzbehälter Klimaanlagen Krane Körper- und Augennotduschen Küchenabzüge Ladebrücken und fahrbare Rampen Ladeeinrichtungen für Fahrzeugbatterien Laser Leitern und Tritte Notaggregate Persönliche Schutzausrüstung Pressen Türen Tore (Kraftbetrieben) Rauchabzugsanlagen maschinelle Rauchabzugsanlagen natürliche Rauchabzugsanlagen Regale Regale (kraftbetrieben) kraftbetriebene Regale RLT-Anlagen Regenwasserkanäle Röntgenanlagen Schweißanlagen Schutzschalter Sicherheits- und Gefahrstoffschränke Sicherheitsbeleuchtung Silos Stetigförderer Tankstellen Diesel Benzin Gas Anlagenteile VAwS-Anlagenteile Verpackungsmaschinen Wandhydranten Wasserversorgung Wasserversorgung Wassernutzung für gewerbliche Tätigkeiten Trinkwasserinstallationen Winden, Hub- und Zuggeräte Zerspanungsmaschinen

Prüfpflichten

Von A

3.1 Abwasseranlagen

bis Z

3.44 Zerspanungsmaschinen

3 Prüfpflichten

3.1 Abwasseranlagen

Die DIN 4045 [18] definiert Abwasseranlagen als Einrichtungen zur Abwassersammlung, -ableitung, -behandlung oder -beseitigung. Zu den Abwasseranlagen zählen neben den unterschiedlichen Formen von Kanälen, wie z. B. Regenwasser-, Schmutzwasser-, Mischwasser- oder Grundstücksanschlusskanäle, vor allem auch Abwasserbehandlungsanlagen.

Die Prüfpflichten für Abwasseranlagen sind bundeslandspezifisch geregelt. Das Wasserhaushaltsgesetz (WHG) [23] enthält insoweit lediglich die Mindestvorgabe, dass die Selbstüberwachung durch fachkundiges Personal durchzuführen ist.

So bestimmt beispielsweise die Verordnung zur Selbstüberwachung von Abwasseranlagen von Nordrhein-Westfalen (SüwVOAbw NRW) [32], dass Prüfungen an Abwasseranlagen generell nur von sachkundigen Personen durchgeführt werden dürfen und die Sachkundigen besondere Voraussetzungen erfüllen müssen. Gemäß § 13 SüwVOAbw NRW [32] können Sachkundige für die Prüfung des Zustands und der Funktionsfähigkeit u.a. sein:

- Öffentlich bestellte und vereidigte Sachverständige einschlägiger Fachrichtungen
- Ingenieure einer einschlägigen technischen Fachrichtung (z. B. Bauingenieurwesen) mit einer einschlägigen mindestens 3-jährigen Berufspraxis
- Meister im Straßenbauer-, Maurer- und Betonbauer- (Bezug zum Kanalisationsbau), Installateur- und Heizungsbauer- oder Brunnenbauer-Handwerk, Meister für Rohr-, Kanal- und Industrieservice und Personen mit einem gleichwertigen Berufsabschluss in der entsprechenden Fachrichtung
- Personen mit abgeschlossener einschlägig handwerklicher oder gewerblich technischer Ausbildung und mindestens 2-jähriger Berufserfahrung in der Fachrichtung, in der sie tätig sein werden, insbesondere
  - Tiefbaufacharbeiter im Schwerpunkt Rohrleitungs- oder Kanalbau
  - Rohrleitungs- oder Kanalbauer
  - Fachkräfte für Abwassertechnik
  - Fachkräfte für Rohr-, Kanal- und Industrieservice

Die Erlangung der besonderen Kenntnisse für die Durchführung von Prüfungen des Zustands und der Funktionsfähigkeit muss dabei durch Teilnahme an einer Schulung einer Schulungsinstitution nachgewiesen werden. Ferner müssen anerkannte Sachkundige mindestens alle drei Jahre an einer geeigneten, mindestens zweitägigen Fortbildung einer Schulungsinstitution teilnehmen, um sich fortzubilden. Die Teilnahmebescheinigung ist der zuständigen Stelle unverzüglich vorzulegen.

Selbstüberwachung bei Abwassereinleitungen und Abwasseranlagen

§ 61 WHG [23]

Wer Abwasser in ein Gewässer oder in eine Abwasseranlage einleitet, ist verpflichtet, das Abwasser durch fachkundiges Personal zu untersuchen oder durch eine geeignete Stelle untersuchen zu lassen (Selbstüberwachung).

Wer eine Abwasseranlage betreibt, ist verpflichtet, ihren Zustand, ihre Funktionsfähigkeit, ihre Unterhaltung und ihren Betrieb sowie Art und Menge des Abwassers und der Abwasserinhaltsstoffe selbst zu überwachen. Er hat nach Maßgabe weiterer Rechtsverordnungen des Bundes oder der entsprechenden Landesregierung hierüber Aufzeichnungen anzufertigen, aufzubewahren und auf Verlangen der zuständigen Behörde vorzulegen.

Durch weitere Rechtsverordnungen des Bundes und ggf. der Landesregierungen können insbesondere Regelungen über die Ermittlung der Abwassermenge, die Häufigkeit und die Durchführung von Probenahmen, Messungen und Analysen einschließlich der Qualitätssicherung, Aufzeichnungs- und Aufbewahrungspflichten sowie die Voraussetzungen getroffen werden, nach denen keine Pflicht zur Selbstüberwachung besteht.

3.1.1 Baden-Württemberg

Prüfung – Regenwasserbehandlungs- und -entlastungsanlagen

Eigenkontrollverordnung (EKVO BW) [22] Anhang 2 Pkt. 1.2

Die Eigenkontrolle umfasst die Sichtkontrolle von Einlauf, Überläufen und Ablauf der Anlagen auf Ablagerungen und Verstopfungen sowie die Funktionskontrolle der technischen Ausrüstung, Messgeräte und Drosseleinrichtungen.

Die Kontrollen sollen insbesondere nach Belastung der Anlagen durch Regenereignisse, mindestens jedoch bei Regenüberlaufbecken alle zwei Monate, bei sonstigen Anlagen vierteljährlich durchgeführt werden.

Prüfung – Behandlungsanlagen, Abwasserkanäle

Eigenkontrollverordnung (EKVO BW) [22] Anhang 2 Pkt. 3.4

Täglich ist eine Kontrolle der einzelnen Behandlungsanlagen einschließlich deren Bestandteile auf ordnungsgemäße Funktion und Betriebsweise hin durchzuführen.

Die Dichtheitsprüfung vor dem Endkontrollschacht ist alle fünf Jahre, die Dichtheitsprüfung nach dem Endkontrollschacht alle zehn Jahre durchzuführen.

Einsatzstoffliste

Eigenkontrollverordnung (EKVO BW) [22] Anhang 2 Pkt. 2.1

Wer eine Abwasserbehandlungsanlage betreibt, hat bei der Überprüfung der Anlage die für deren Reinigungsleistung sowie ggf. die für andere Anlagen oder das von ihr beeinflusste Gewässer erheblichen Schadstoffe und Schadstofffrachten zu untersuchen. Um diese feststellen zu können, sind an den innerbetrieblichen Anfallstellen die in der Produktion eingesetzten abwasserrelevanten Stoffe und die bei der Abwasserbehandlung eingesetzten Stoffe, wenn ihre jährliche Verbrauchsmenge 10 kg und mehr beträgt, in einer Einsatzstoffliste zu erfassen.

Die Einsatzstoffliste muss mindestens folgende Angaben enthalten:

- Einsatzbereiche
- Einsatzstoff
  - Handelsname
  - Chemische Bezeichnung
- Einsatzbereich, Produktionsprozess, Abwasseranfallstelle
- Verbrauch (kg/a)
- Biologische Abbaubarkeit/Eliminierbarkeit (Prozentangabe mit zugehörigem Testverfahren)
- Sicherheitsdatenblatt

Abwasserherkunftsliste

Eigenkontrollverordnung (EKVO BW) [22] Anhang 2 Pkt. 2.2

Ferner sind ab einem täglichen Abwasseranfall von 100 m³ folgende Überprüfungen an den Abwasseranfallstellen durchzuführen:

- Abwasseranfall nach Art, Beschaffenheit, Menge und spezifischer Abwasserfracht
- Betriebsvorgänge, bei denen spezifisch belastetes Abwasser oder Kühlwasser anfällt
- Besonderheiten, Mängel, mögliche Abhilfemaßnahmen

Die Ergebnisse der Überprüfungen sind in einer Abwasserherkunftsliste mit Namen des Prüfenden und Datum der Prüfung zu erfassen. Die Abwasserherkunftsliste ist bei einer wesentlichen Änderung, mindestens jedoch jährlich zu aktualisieren. Dabei sind insbesondere Verbesserungsmöglichkeiten zur Abwassertrennung und zur Teilstrombehandlung sowie mögliche Maßnahmen zur Vermeidung und Verminderung der Schadstofffrachten zu dokumentieren.

Anlagenbezogene Eigenkontrolle

Eigenkontrollverordnung (EKVO BW) [22] Anhang 2 Pkt. 3

Tabelle 3 der EKVO BW [22] enthält die Anforderungen an die Prüfungen und Messungen der Anlage. In der Regel übernimmt die Behörde diese Anforderungen in ihren wasserrechtlichen Bescheid.

Betriebsdokumentation

Eigenkontrollverordnung (EKVO BW) [22] § 3

Die Ergebnisse der Eigenkontrolle sowie Störungen und besondere Vorkommnisse sind nach Maßgabe der Anhänge 1 und 2 zu dokumentieren (Betriebsdokumentation). Die Betriebsdokumentation kann mit Hilfe der elektronischen Datenverarbeitung erstellt werden und ist der Wasserbehörde auf Verlangen vorzulegen.

Die Betriebsdokumentation ist mindestens vierteljährlich vom Gewässerschutzbeauftragten zu bestätigen. Ist ein solcher nicht bestellt, ist die Betriebsdokumentation von einem Mitglied der Geschäftsleitung oder einem leitenden Angestellten, bei Körperschaften des öffentlichen Rechts vom vertretungsberechtigten Organ oder seinem Vertreter zu bestätigen.

Der Betreiber einer Abwasseranlage hat Störungen und besondere Vorkommnisse, die eine erhebliche Beeinträchtigung der Reinigungsleistung oder eine wesentliche nachteilige Veränderung des Gewässers besorgen lassen, der unteren Wasserbehörde unverzüglich anzuzeigen und zu dokumentieren. Bei Indirekteinleitungen ist zusätzlich die beseitigungspflichtige Körperschaft zu benachrichtigen.

Die Betriebsdokumentation ist mindestens drei Jahre lang aufzubewahren.

Die in der Betriebsdokumentation erfassten Daten von Abwasserleitungen und -schächten sind bis zum Abschluss der Wiederholungsprüfungen aufzubewahren.

3.1.2 Bayern

Die Eigenüberwachungspflicht gilt für Abwasseranlagen, die Direkteinleiter sind, und für Indirekteinleiter. Behördliche Bescheide bzw. Auflagen verweisen u. a. auf die EÜV Bay [24].

Eigenüberwachung

Eigenüberwachungsverordnung (EÜV Bay) [24] Dritter Teil Nr. 2

Kanäle einschließlich Schächte in Abhängigkeit ihres Durchmessers müssen mindestens alle fünf Jahre geprüft werden. Die Sichtprüfung aller Bauteile hat einmal jährlich zu erfolgen. Die Funktionsprüfung aller maschinellen Einrichtungen (Pumpen, Schieber, Messeinrichtungen) muss einmal monatlich durchgeführt werden.

Sichtprüfungen und Prüfungen auf Wasserdichtheit sind bei Regenwasserkanälen nur dann notwendig, wenn

- das im Kanal ablaufende Niederschlagswasser behandlungsbedürftig ist oder
- der Regenwasserkanal sich innerhalb von festgesetzten Trinkwasser- oder Heilquellenschutzgebieten befindet.

Bei Regenbecken mit Messeinrichtungen zur Erfassung des Wasserstands ist auch das Entlastungsverhalten für jedes Regenereignis festzustellen. Dazu gehört, geordnet nach dem Datum der jeweiligen Regenereignisse, die Ermittlung des maximalen Füllstands bzw. der maximalen Überlaufhöhe sowie der Füll- und Überlaufdauer. Die Messergebnisse sind jährlich auszuwerten.

Ferner ist einmal in fünf Jahren die Einstellung des Drosselabflusses zu überprüfen und das Ergebnis dem tatsächlichen Anschlussgrad im Einzugsgebiet gegenüberzustellen.

Betriebstagebuch

Eigenüberwachungsverordnung (EÜV Bay) [24] § 4

Aus dem Betriebstagebuch (den Betriebsaufzeichnungen) müssen hervorgehen:

- Name der für den technischen Betrieb verantwortlichen Person
- Namen des diensttuenden verantwortlichen Betriebspersonals
- Mess- und Untersuchungsergebnisse der Eigenüberwachung
- wesentliche Betriebs- und Wartungsvorgänge sowie Instandsetzungsmaßnahmen
- besondere Vorkommnisse, bei denen ein nachteiliger Einfluss auf die Anlage oder das Gewässer zu erwarten ist
- Namen des Betriebsbeauftragten für den Gewässerschutz und
- Aufzeichnungen über Betrieb und Wartung der Kanalisation, Regenüberläufe und Regenbecken, Pumpanlagen u. ä., soweit dafür kein gesondertes Betriebstagebuch geführt wird

Den zur Führung des Betriebstagebuchs (der Betriebsaufzeichnungen) verpflichteten Personen sind die wasserrechtlichen Bescheide, die Betriebsanleitung für die Anlage, bei Schutzgebieten die Schutzgebietsverordnung mit Lageplan, jeweils in Ablichtung zur Verfügung zu stellen.

Die Betriebstagebücher (Betriebsaufzeichnungen) sind aus besonderem Anlass der Kreisverwaltungsbehörde, dem Wasserwirtschaftsamt oder deren Beauftragten auf Verlangen zur Einsichtnahme vorzulegen. Diese können die Überlassung von Durchschriften oder von Kopien der Eintragungen verlangen.

Die Betriebstagebücher (Betriebsaufzeichnungen) und Datenträger sind für die Dauer von fünf Jahren nach der letzten Eintragung aufzubewahren.

3.1.3 Berlin

 In Berlin werden keine konkreten Vorgaben zur Eigenkontrolle gemacht – es gibt hier keine Eigenkontrollverordnung. Bezüglich der Selbstüberwachung wird im Berliner Wassergesetz [25] beschrieben, dass das zuständige Bezirksamt dazu konkret verpflichten kann.

Selbstüberwachung von Indirekteinleitungen

Berliner Wassergesetz (BWG) [25] § 29 c

Wer Abwasser genehmigungspflichtig in eine öffentliche Abwasseranlage einleitet, kann von dem örtlich zuständigen Bezirksamt dazu verpflichtet werden, die Einleitung selbst zu überwachen (Selbstüberwachung), insbesondere Betriebseinrichtungen und Abwasserbehandlungsanlagen nachzuweisen, Untersuchungen durchzuführen sowie Aufzeichnungen über Betriebsvorgänge, Untersuchungen und eingesetzte Stoffe zu fertigen. Der Abwassereinleiter hat die Nachweise und Aufzeichnungen dem örtlich zuständigen Bezirksamt in den von ihm bestimmten Zeitabständen regelmäßig vorzulegen.

3.1.4 Brandenburg

Selbstüberwachung von Indirekteinleitungen – Betriebstagebuch

Brandenburgisches Wassergesetz (BbgWG) [26] § 74

Wer Abwasser in eine Abwasseranlage einleitet, ist zur Selbstüberwachung verpflichtet. Diese Verpflichtung bezieht sich insbesondere darauf, Betriebseinrichtungen und Abwasserbehandlungsanlagen nachzuweisen, Aufzeichnungen über Betriebsvorgänge und eingesetzte Stoffe zu fertigen und das Abwasser durch eine zugelassene Stelle beproben und untersuchen zu lassen sowie Nachweise, Aufzeichnungen und Untersuchungsergebnisse der Wasserbehörde und dem Betreiber der öffentlichen Abwasseranlage in bestimmten Zeitabständen vorzulegen.

Selbstüberwachung von Abwasseranlagen – Betriebstagebuch

Brandenburgisches Wassergesetz (BbgWG) [26] § 75

Wer eine Abwasseranlage betreibt, ist verpflichtet, ihren Zustand, ihre Unterhaltung und ihren Betrieb selbst zu überwachen und hierfür Aufzeichnungen anzufertigen. Die Überwachung hat nach den technischen Überwachungsregeln zu erfolgen, die von der obersten Wasserbehörde eingeführt worden sind. Die Aufzeichnungen sind mindestens zehn Jahre lang aufzubewahren und auf Verlangen der Wasserbehörde vorzulegen. Kommt der Betreiber einer Abwasseranlage seinen Verpflichtungen nicht innerhalb eines angemessenen Zeitraums nach, kann er von der zuständigen Wasserbehörde verpflichtet werden, die Anlage oder Teile von ihr regelmäßig auf seine Kosten durch einen vom Betreiber unabhängigen Sachkundigen überprüfen zu lassen. Die Wasserbehörde legt dabei Art, Umfang und Häufigkeit der Überprüfungen fest. Der Sachkundige hat das Prüfergebnis, insbesondere bei der Überprüfung festgestellte Mängel, dem Betreiber und der Wasserbehörde mitzuteilen. Der Betreiber hat die Mängel unverzüglich abzustellen und die Wasserbehörde darüber zu unterrichten.

3.1.5 Bremen

In Bremen werden keine konkreten Vorgaben zur Eigenkontrolle gemacht – es gibt hier keine Eigenkontrollverordnung.

3.1.6 Hamburg

Eigenüberwachung der Einleitung

Hamburgisches Abwassergesetz (HmbAbwG) [27] § 17 a

Wer Abwasser aus dem industriellen oder gewerblichen Bereich in die öffentlichen Abwasseranlagen einleitet, hat die Abwasserentstehung und -einleitung selbst zu überwachen (Eigenüberwachung). Die einleitende Person kann die Eigenüberwachung auch durch geeignete Dritte wie Fachbetriebe, Sachverständige oder zugelassene Laboratorien auf ihre Kosten durchführen lassen. Bei fehlender Eignung, insbesondere hinsichtlich Ausstattung mit Personal und Geräten, ist die einleitende Person zur Übertragung auf Dritte verpflichtet. Die behördliche Überwachung bleibt unberührt.

Der Senat wird ermächtigt, durch Rechtsverordnung die Zulassung der Laboratorien für Abwasseruntersuchungen (Untersuchungsstellen), das Zulassungsverfahren, den Umfang und den Widerruf der Zulassung zu regeln. Dabei können Pflichten der Untersuchungsstellen, betriebliche Anforderungen, Anforderungen an die Leitung und an die Mitarbeiter der Untersuchungsstellen festgelegt werden.

Die einleitende Person hat auf Anordnung der zuständigen Behörde im Rahmen der Eigenüberwachung insbesondere das Abwasser auf seine physikalische, chemische und biologische Beschaffenheit zu untersuchen, die Abwassermenge in geeigneter Weise zu ermitteln, die Auswirkungen auf die öffentlichen Abwasseranlagen zu untersuchen, die Anlagen, Einrichtungen und Vorgänge, die Einfluss auf die Menge und die Beschaffenheit des Abwassers haben, im Hinblick auf die Unterhaltung und den Betrieb zu überprüfen.

Sämtliche Aufzeichnungen sind von der einleitenden Person jederzeit vollständig und geordnet zur Einsichtnahme bereitzuhalten, mindestens drei Jahre lang aufzubewahren und der zuständigen Behörde auf Verlangen vorzulegen.

Eigenüberwachung der baulichen Anlage

Hamburgisches Abwassergesetz (HmbAbwG) [27] § 17 b

Die Eigentümer von Grundstücksentwässerungsanlagen haben die im Erdreich liegenden Anlagen vor erstmaliger Inbetriebnahme neuer Anlagen und Anlagenteile nach den allgemein anerkannten Regeln der Technik und bei bestehenden Anlagen nach den veröffentlichten technischen Betriebsbestimmungen zu überprüfen und die Dichtheit nachzuweisen. Der Dichtheitsnachweis für neue Anlagen und Anlagenteile ist der zuständigen Behörde unaufgefordert zuzusenden. Der Dichtheitsnachweis für bestehende Grundstücksentwässerungsanlagen ist von den Eigentümern aufzubewahren und der zuständigen Behörde auf Verlangen vorzulegen.

Die für den Dichtheitsnachweis erforderlichen Prüfungen dürfen nur von einem für Dichtheitsprüfungen anerkannten Fachbetrieb durchgeführt werden. Der Dichtheitsnachweis beinhaltet einen Prüfbericht und einen Lageplan.

Die Verpflichtung zur Eigenüberwachung besteht nicht bei Grundleitungen und Schächten für nicht nachteilig verändertes Niederschlagswasser, wenn diese Anlagen nicht an ein Misch- oder Schmutzwassersiel angeschlossen sind und nicht im Zusammenhang mit Abwasseranlagen als Auffangvorrichtungen oder Anlagen zur Löschwasserrückhaltung stehen.

3.1.7 Hessen

Eigenkontrolle Abwasserbehandlungsanlage

Abwassereigenkontrollverordnung (EKVO HE) [28] Anhang 5

Für die Kontrolle der Abwasserbehandlungsanlage ist ein betriebliches Messprogramm aufzustellen und der Wasserbehörde auf Verlangen vorzulegen. Es ist eigenverantwortlich durchzuführen, und die Ergebnisse sind in dem Betriebstagebuch zu dokumentieren.

Soweit im Bescheid nichts anderes bestimmt ist, sind die in der jeweiligen Genehmigung begrenzten Parameter in das Messprogramm aufzunehmen. Sie sind an den in der Genehmigung aufgeführten Probenahmestellen mindestens in folgender Häufigkeit von einer qualifizierten Untersuchungsstelle zu untersuchen:

- bei einem Abwasseranfall unter 10 m³/d – halbjährlich
- bei einem Abwasseranfall von 10 bis unter 100 m³/d – vierteljährlich
- bei einem Abwasseranfall von 100 m³/d und mehr – alle 2 Monate

Maßgeblich ist die Bemessungswassermenge der Abwasserbehandlungsanlage. Die durch eine Untersuchungsstelle durchzuführenden Untersuchungen schließen die in Anhang 6 genannten Tätigkeiten ein.

Dokumentation

Abwassereigenkontrollverordnung (EKVO HE) [28] Anhang 5 Pkt. 3

Der zu führende Eigenkontrollbericht muss mindestens folgende Angaben enthalten:

- Abwassermenge und Konzentration der in der Genehmigung begrenzten Parameter, tabellarische Darstellung der Einzelwerte, Berechnung des arithmetischen Mittelwerts
- Frachten (absolut, spezifisch) und Produktionskapazität, tabellarische Darstellung der Einzelwerte, Berechnung des arithmetischen Mittelwerts, soweit in dem maßgeblichen Anhang der Abwasserverordnung (AbwV) [29] Frachtbegrenzungen enthalten sind
- Abfälle aus der Abwasserbehandlungsanlage und deren Verwertung bzw. Entsorgung
- Einsatz von Zusatz- und Hilfsmitteln
- kurze Darstellung der wesentlichen im Bezugszeitraum durchgeführten Änderungen an der Abwasserbehandlungsanlage und in den angeschlossenen Produktionsanlagen, soweit diese Auswirkungen auf die Menge und Zusammensetzung des Abwassers haben
- ergänzende Informationen zu dem Betrieb der Anlage, zu Betriebsstörungen, zu besonderen Ereignissen und Reparaturarbeiten, soweit diese Auswirkungen auf die Einleitung hatten

Als Nachweis der Prüfung der Durchflussmesseinrichtungen ist die von der Prüfstelle ausgestellte Prüfbescheinigung gemeinsam mit dem Eigenkontrollbericht vorzulegen.

Prüfung – Kanäle

Abwassereigenkontrollverordnung (EKVO HE) [28] Anhang 1 Pkt. 3

- Alle 10 Jahre sind zu prüfen: Abwasserkanäle und -leitungen für gewerbliches Abwasser, für das im jeweils maßgeblichen Anhang der Abwasserverordnung [29] Anforderungen an das Abwasser vor Vermischung oder für den Ort des Anfalls festgelegt worden sind, bis zur Behandlungsanlage
- Alle 15 Jahre:
  - Abwasserkanäle und -leitungen, die dem allgemeinen Gebrauch dienen
  - Abwasserkanäle und -leitungen für gewerbliches Abwasser, für das im jeweils maßgeblichen Anhang der Abwasserverordnung [29] Anforderungen an das Abwasser vor Vermischung oder für den Ort des Anfalls festgelegt worden sind, nach der Behandlungsanlage oder wenn diese Anforderungen im unbehandelten Abwasser bereits eingehalten sind
  - Abwasserkanäle und -leitungen für gewerbliches Abwasser, für das keine Anforderungen nach der Abwasserverordnung gestellt werden oder für das im jeweils maßgeblichen Anhang der Abwasserverordnung [29] keine Anforderungen an das Abwasser vor Vermischung oder für den Ort des Anfalls festgelegt worden sind
- Alle 20 Jahre sind zu prüfen:
  - Kühlwasserkanäle und -leitungen
  - Niederschlagswasserkanäle im Trennsystem, die dem allgemeinen Gebrauch dienen

3.1.8 Mecklenburg-Vorpommern

Anlagenbezogene Selbstüberwachung

Selbstüberwachungsverordnung (SÜVO MV) [30] Anlage 2 Pkt. 4

Die für die Anlage geltenden Anforderungen an die Prüfungen und Messungen sind anhand der Tabelle der Anlage 2 der SÜVO MV [30] zu ermitteln und einzuhalten. In der Regel übernimmt die Behörde die Anforderungen in ihren wasserrechtlichen Bescheid.

Kanalisation

Selbstüberwachungsverordnung (SÜVO MV) [30] Anlage 3

Der Unternehmer ist verpflichtet, die Funktion und den Zustand der Abwasserkanäle und -leitungen einschließlich der Schacht- und Sonderbauwerke entsprechend den allgemein anerkannten Regeln der Technik zu überprüfen und die Ergebnisse zu dokumentieren. Sofern sich aufgrund von technischen Vorschriften oder Herstellerangaben nichts anderes ergibt, sind Schmutz- und Mischwasseranlagen, für die ein Dichtigkeitsnachweis vorliegt, erneut nach mindestens fünfzehn Jahren, die übrigen Schmutz- und Mischwasseranlagen nach zehn Jahren zu untersuchen.

Firmen und Institute, die mit der Inspektion von Entwässerungskanälen und -leitungen beauftragt werden, müssen die erforderliche Fachkunde, Leistungsfähigkeit und Zuverlässigkeit sowie eine Güteüberwachung, bestehend aus Fremd- und Eigenüberwachung, nachweisen. Der Nachweis gilt als erbracht, wenn das Unternehmen im Besitz eines entsprechenden RAL-Gütezeichens der Gütegemeinschaft „Güteschutz Kanalbau" ist.

3.1.9 Niedersachsen

In Niedersachsen werden keine konkreten Vorgaben zur Eigenkontrolle gemacht – es gibt hier keine Eigenkontrollverordnung. Bezüglich der Selbstüberwachung wird im Niedersächsischen Wassergesetz [31] im Wesentlichen auf die allgemeine Pflicht des Wasserhaushaltsgesetzes (WHG) [23] verwiesen.

Selbstüberwachung bei Abwassereinleitungen und Abwasseranlagen

Niedersächsisches Wassergesetz (NWG) [31] § 100

Wer eine Abwasseranlage betreibt, hat die Anlage mit den dafür erforderlichen Einrichtungen auszurüsten, Untersuchungen durchzuführen und ihre Ergebnisse aufzuzeichnen. Die Aufzeichnungen sind der Wasserbehörde auf Verlangen vorzulegen.

3.1.10 Nordrhein-Westfalen

Überwachungsumfang

Selbstüberwachungsverordnung Abwasser (SüwVOAbw NRW) [32] § 2

Der Betreiber eines Kanalisationsnetzes hat die Kanalisationsnetze auf Zustand und Funktionsfähigkeit selbst zu überwachen und hierfür eine Anweisung für die Selbstüberwachung aufzustellen. Die zu beobachtenden Einrichtungen, der Prüfungsumfang und die Häufigkeit der Prüfung ergeben sich aus der Anlage 1.

Werden in der Anweisung für die Selbstüberwachung unter Berücksichtigung der örtlichen Verhältnisse, der wasserwirtschaftlichen Bedeutung der Anlagen und technischer Schwierigkeiten andere Häufigkeiten festgelegt, haben diese Vorrang vor den in der Anlage 1 Nrn. 2 bis 13 genannten Häufigkeiten.

Überwachungsbericht

Selbstüberwachungsverordnung Abwasser (SüwVOAbw NRW) [32] § 5

Über die Überwachung ist ein Bericht zu fertigen. Dieser kann mit weiteren für Zustand und Funktion der Kanalisation geführten Dokumentationen der Anweisung zusammengefasst sein.

Der für den Betrieb der Entwässerungseinrichtung Verantwortliche hat den Bericht mindestens vierteljährlich gegenzuzeichnen.

Der Überwachungsbericht muss an einer für die zuständige Behörde zugänglichen Stelle mindestens drei Jahre einsehbar sein.

Prüfung – Abwasserleitungen

Selbstüberwachungsverordnung Abwasser (SüwVOAbw NRW) [32] § 8

Private Abwasserleitungen sind so zu errichten und zu betreiben, dass die Anforderungen an die Abwasserbeseitigung eingehalten werden. Sie dürfen nur nach den allgemein anerkannten Regeln der Technik errichtet, betrieben und unterhalten werden. Wer eine private Abwasserleitung betreibt, ist verpflichtet, ihren Zustand und ihre Funktionsfähigkeit zu überwachen.

Der Eigentümer eines Grundstücks hat im Erdreich oder unzugänglich verlegte Abwasserleitungen zum Sammeln oder Fortleiten von Schmutzwasser oder mit diesem vermischten Niederschlagswasser seines Grundstücks nach der Errichtung oder nach wesentlicher Änderung unverzüglich von Sachkundigen nach den allgemein anerkannten Regeln der Technik auf deren Zustand und Funktionsfähigkeit hin prüfen zu lassen.

3.1.11 Rheinland-Pfalz

Prüfung – Kanäle

Selbstüberwachungsverordnung (SÜVOA RP) [33] § 4 und Anlage 3

Abwasserkanäle und -leitungen sind mindestens alle zehn Jahre durch optische Untersuchungen auf ihren ordnungsgemäßen Zustand hin zu überprüfen. Für neue oder neuwertige Abwasserkanäle und -leitungen sind die ersten beiden Wiederholungsprüfungen nach der Inbetriebnahme nach jeweils fünfzehn Jahren durchzuführen.

Betriebstagebuch – Abwasserbehandlung

Selbstüberwachungsverordnung (SÜVOA RP) [33] § 5

Für Abwasserbehandlungsanlagen, mit Ausnahme von Mischwasserbehandlungsanlagen, ist ein Betriebstagebuch zu führen, in das die Ergebnisse der Eigenüberwachung (Art und Umfang sind anlagenspezifisch in Anlage 2 Pkt. 4 beschrieben) und die hierzu verwendeten Verfahren eingetragen werden.

Die Betriebstagebücher sind für die Dauer von fünf Jahren ab der letzten Eintragung aufzubewahren.

Eigenüberwachungsbericht – Abwasserbehandlung

Selbstüberwachungsverordnung (SÜVOA RP) [33] § 6

Der Unternehmer einer Abwasserbehandlungsanlage – mit Ausnahme einer Mischwasserbehandlungsanlage – hat der zuständigen Wasserbehörde die zusammengefassten und ausgewerteten Ergebnisse der Eigenüberwachung sowie die Fortschritte und Ergebnisse der Untersuchungen von Abwasserkanälen und -leitungen (Eigenüberwachungsbericht) jeweils bis zum 10. März des folgenden Kalenderjahres vorzulegen.

Form und Inhalte des Eigenüberwachungsberichts sind in Anlage 5 SÜVOA definiert (im Wesentlichen Tabellen als Zusammenfassung aus den Betriebstagebüchern).

3.1.12 Saarland

Eigenkontrolle

Eigenkontrollverordnung (EKVO Srl) [34] §§ 2 f.

Die Unternehmer von Abwasserbehandlungsanlagen haben die Eigenkontrolle auf eigene Kosten durchzuführen oder durchführen zu lassen. Sie haben ihre Abwasserbehandlungsanlagen mit den dazu erforderlichen Einrichtungen und Messgeräten zu versehen.

Der Umfang der Eigenkontrolle richtet sich, soweit im Erlaubnis- oder Genehmigungsbescheid parameter- und probenahmestellenbezogen nichts anderes bestimmt ist, je nach vorhandener Anlage nach den in den Anhängen 1 bis 4 beschriebenen Anforderungen.

Die Eigenkontrolle ist nach den allgemein anerkannten Regeln der Technik von dem Unternehmer der Abwasserbehandlungsanlage oder von Dritten in seinem Auftrag jeweils durch geeignetes Personal durchzuführen. Soweit die Eigenkontrolle ganz oder teilweise auf Dritte übertragen wird, ist dies dem Landesamt für Umwelt- und Arbeitsschutz mitzuteilen.

Mit der Überprüfung der für die Einleitung maßgeblichen Durchflussmesseinrichtungen (Anhang 1) ist eine staatliche oder staatlich anerkannte Prüfstelle zu beauftragen. Mit der Eigenkontrolle von in Anhang 2 (Tabelle) nicht aufgeführten, im Erlaubnis- oder Genehmigungsbescheid begrenzten gefährlichen Stoffen oder besonderen Abwasserinhaltsstoffen sowie im Fall des Anhangs 3 (Tabelle, Nr. 3) ist eine staatlich anerkannte Untersuchungsstelle zu beauftragen.

Probenahmen, Messungen und Untersuchungen sind entsprechend den maßgeblichen Regeln der Technik und den in den Anhängen 1 bis 3 bzw. den im Erlaubnis- oder Genehmigungsbescheid getroffenen Regelungen durchzuführen. Es ist das Analysen-, Mess- oder Alternativverfahren anzuwenden, das aufgrund der Abwasserzusammensetzung und unter Beachtung der Regelungen der analytischen Qualitätssicherung für den Untersuchungsfall am besten geeignet ist.

Betriebstagebuch

Eigenkontrollverordnung (EKVO Srl) [34] § 6

Die Unternehmer von Abwasserbehandlungsanlagen haben Betriebstagebücher zu führen, in die die Ergebnisse der Eigenkontrolle einschließlich der Funktionskontrolle und der Zeitpunkt, zu dem die jeweiligen Messungen und Kontrollen durchgeführt wurden, einzutragen sind. Außerdem ist anzugeben, nach welcher Methode die jeweilige Untersuchung oder Kontrolle durchgeführt wurde. Die Betriebstagebücher müssen mindestens die in den Anhängen 1 bis 3 genannten Angaben enthalten. Für Abwasserbehandlungsanlagen und Einleitungen der im Anhang 4 aufgeführten Herkunftsbereiche (Branchen mit Einsatz gefährlicher Stoffe, z. B. Lederherstellung, Herstellung von Papier) sind außerdem die dort genannten Nachweise zusammenzustellen. Die Unterlagen, die den Nachweisen zugrunde liegen, sind beim Betriebstagebuch aufzubewahren. Im Betriebstagebuch sind besondere Vorgänge zu vermerken, bei denen ein nachteiliger Einfluss auf die Abwasserbehandlung und Einleitung zu erwarten ist. Die Eintragungen sind von der Person zu unterzeichnen, der die Bedienung der Abwasserbehandlungsanlage oder die Betreuung der Einleitung obliegt.

Die Betriebstagebücher sind monatlich mindestens einmal von den Gewässerschutzbeauftragten zu überprüfen und gegenzuzeichnen. Sind Gewässerschutzbeauftragte nicht bestellt, hat die Betriebsleitung das Betriebstagebuch zu überprüfen und gegenzuzeichnen.

Die Betriebstagebücher sind dem Landesamt für Umwelt- und Arbeitsschutz oder dessen Beauftragten auf Verlangen zur Einsichtnahme vorzulegen. In Ausnahmefällen kann das Landesamt für Umwelt- und Arbeitsschutz die Überlassung von Durchschriften oder Kopien der Eintragungen verlangen. Bei erheblichem Datenumfang kann das Landesamt für Umwelt- und Arbeitsschutz verlangen, dass die Nachweise der Eigenkontrolle mit Mitteln der elektronischen Datenverarbeitung erfasst und in vorgegebener Form zur Verfügung gestellt werden.

Die Betriebstagebücher sind für die Dauer von fünf Jahren nach der letzten Eintragung aufzubewahren, soweit im Erlaubnis- oder Genehmigungsbescheid keine anderen Fristen festgelegt sind.

Eigenkontrollbericht

Eigenkontrollverordnung (EKVO Srl) [34] § 7

Die Ergebnisse der Eigenkontrolle sind in einem Eigenkontrollbericht zusammenzufassen und auszuwerten. Die Unternehmer der Abwasserbehandlungsanlagen haben den Eigenkontrollbericht jährlich bis spätestens zum 31. März des Folgejahres dem Landesamt für Umwelt- und Arbeitsschutz vorzulegen. Das Landesamt für Umwelt- und Arbeitsschutz kann dazu mit dem Unternehmer der Abwasserbehandlungsanlage Sondervereinbarungen treffen. Die Nachweise sind mindestens fünf Jahre lang aufzubewahren.

Der Eigenkontrollbericht muss mindestens die in den Anhängen 1 bis 3 geforderten Angaben enthalten.

Der Unternehmer von Abwasserbehandlungsanlagen, die Abwasser mit gefährlichen Stoffen in öffentliche Abwasseranlagen einleiten, haben den Eigenkontrollbericht auch dem Unternehmer der nachgeschalteten Abwasserbehandlungsanlage zuzuleiten.

Prüfung – Durchflussmesseinrichtungen

Eigenkontrollverordnung (EKVO Srl) [34] Anhang 1

Durchflussmesseinrichtungen für Abwasserbehandlungsanlagen bedürfen einer messtechnischen Überprüfung alle fünf Jahre.

Die messtechnische Überprüfung ist im Auftrag des Unternehmers von einer staatlichen oder einer staatlich anerkannten Stelle durchführen zu lassen.

3.1.13 Sachsen

Eigenkontrollpflicht

Eigenkontrollverordnung (EigenkontrollVO Sachsen) [35] § 2

Wer Abwasseranlagen betreibt oder Abwasser aus öffentlichen und nichtöffentlichen Abwasseranlagen einleitet, hat die Abwasseranlagen auf eigene Kosten zu kontrollieren und das Abwasser zu untersuchen.

Zur Durchführung sowohl von Eigenkontrollen als auch von Wartungs- und Instandsetzungsarbeiten verweist die Eigenkontrollverordnung durch die DIN Norm 1986 Teil 30 [36] auf den Stand der Technik.

Betriebstagebuch

Eigenkontrollverordnung (EigenkontrollVO Sachsen) [35] § 4

Für jede Abwasseranlage ist je nach Art der Anlage ein Betriebstagebuch nach Anhang 1, 2 oder 3 zu führen, in das die Ergebnisse der Eigenkontrolle und der Untersuchungen einzutragen sind. Das Betriebstagebuch ist von dem mit der Bedienung, Kontrolle und/oder der Wartung der Anlagen Beauftragten zu führen.

Die Eintragungen in das Betriebstagebuch sind mindestens monatlich vom Gewässerschutzbeauftragten gegenzuzeichnen. Ist ein solcher nicht bestellt oder ist derjenige, dem die Bedienung oder die Kontrolle der Abwasseranlage übertragen ist, selbst Gewässerschutzbeauftragter, sind die Eintragungen von einem Mitglied der Geschäftsleitung oder einem leitenden Angestellten gegenzuzeichnen.

Das Betriebstagebuch ist der zuständigen Wasserbehörde oder deren Beauftragten vom Betreiber der Anlage auf Verlangen vorzulegen. Auf Anforderung sind Durchschriften oder Abschriften zu übergeben.

Die Eintragungen können mit Zustimmung der zuständigen Wasserbehörde durch gedruckte Protokolle automatisch arbeitender Datenerfassungsanlagen oder durch maschinenlesbare Datenträger ersetzt werden, wenn damit die gleichwertige Erfassung gesichert ist.

Das Betriebstagebuch für Aufzeichnungen von Abwasserbehandlungsanlagen ist mindestens drei Jahre lang aufzubewahren. Aufzeichnungen der Überprüfung von Abwasserkanälen und -leitungen müssen bis zum Abschluss der folgenden Wiederholungsprüfung, mindestens jedoch zehn Jahre lang nach der letzten Überprüfung aufbewahrt werden.

Jahresbericht

Eigenkontrollverordnung (EigenkontrollVO Sachsen) [35] § 6

Der Betreiber einer Abwasseranlage hat die Ergebnisse der Eigenkontrolle im jeweiligen Kalenderjahr auszuwerten und in einem Jahresbericht zusammenzufassen. Dieser Jahresbericht muss bis spätestens zum 31. März des Folgejahres erstellt werden und ist bis zum 31. März des Folgejahres unaufgefordert bei der zuständigen Behörde einzureichen.

3.1.14 Sachsen-Anhalt

Der Betreiber einer Abwasseranlage ist zur Eigenüberwachung verpflichtet (Eigenüberwachungspflichtiger) – unabhängig davon, ob das in der Abwasseranlage befindliche Abwasser in ein Gewässer oder in eine öffentliche Abwasseranlage eingeleitet wird.

Betriebstagebuch

Eigenüberwachungsverordnung (EigÜVO LSA) [37] § 3

Der Eigenüberwachungspflichtige hat ein Betriebstagebuch zu führen. In das Betriebstagebuch sind die Ergebnisse der Eigenüberwachung einzutragen. Anlage 2 der EigÜVO definiert Art und Umfang der Überwachung.

Die Aufzeichnungen können per Hand oder durch gedruckte Protokolle automatisch arbeitender Datenerfassungsanlagen oder durch maschinenlesbare Datenträger vorgenommen werden.

Für das Betriebstagebuch gilt eine Aufbewahrungsfrist von fünf Jahren nach der letzten Eintragung.

In begründeten Fällen kann auf Antrag widerruflich vom Umfang der Eigenüberwachung und von Mess- und Analyseverfahren gemäß Anlage 2 Nr. 3 Absatz 2 abgewichen werden, wenn die erforderliche Überwachung auf andere Weise gewährleistet wird.

Mitteilungspflicht – Eigenüberwachungsbericht

Eigenüberwachungsverordnung (EigÜVO LSA) [37] § 4

Die Ergebnisse der Eigenüberwachung sind jährlich in einem Bericht zusammenzufassen und der zuständigen Wasserbehörde jeweils bis zum 31. März des folgenden Jahres vorzulegen. Für nicht behandlungsbedürftiges Abwasser aus Abwasseranlagen ist entsprechend zu berichten.

Prüfung – Kanäle

Eigenüberwachungsverordnung (EigÜVO LSA) [37] § 4 Nr. 2

Die Überwachung der Kanäle umfasst die regelmäßige Überprüfung der Funktion und des Zustands dieser Anlagen. Sofern sich aufgrund von technischen Vorschriften oder Herstellerangaben nichts anderes ergibt, sind Kanäle, für die ein Dichtigkeitsnachweis vorliegt, erneut nach spätestens fünfzehn Jahren, danach wie alle übrigen Kanäle nach spätestens zehn Jahren zu untersuchen.

Die Überwachung der Regenbecken umfasst die Sichtkontrolle von Anlagen auf Ablagerungen und Verstopfungen, insbesondere am Einlauf, an Überläufen und am Ablauf, sowie die Funktionskontrolle der technischen Ausrüstung, Messgeräte und Drosseleinrichtungen. Die Überwachung soll insbesondere nach Belastung der Anlagen durch Starkregenereignisse, mindestens jedoch vierteljährlich durchgeführt werden.

Die Anlagen sind entsprechend den allgemein anerkannten Regeln der Technik regelmäßig zu reinigen und zu warten. Die Reinigungs- und Wartungsintervalle sind aufgrund der Betriebserfahrung in Wartungs- oder Reinigungsplänen festzulegen. Diese Pläne sind zusammen mit dem Betriebstagebuch aufzubewahren.

3.1.15 Schleswig-Holstein

Pflicht zur Selbstüberwachung

Selbstüberwachungsverordnung (SüVO SH) [38] § 2

Wer Abwasseranlagen betreibt, hat auf eigene Kosten mindestens die in den Anlagen der SüVO bezeichneten Prüfungen, Analysen, Messungen, Untersuchungen und Auswertungen durchzuführen, die hierzu erforderlichen Kontrolleinrichtungen und Geräte zu verwenden und sicherzustellen, dass die Selbstüberwachung durch sachkundige Personen erfolgt. Die darüber hinaus in behördlichen Entscheidungen festgelegten Anforderungen an die Selbstüberwachung bleiben unberührt.

Der Betreiber einer Abwasseranlage kann sich zur Erfüllung seiner Pflichten fachkundiger Dritter bedienen. Die Verantwortlichkeit für die Erfüllung der Selbstüberwachungspflicht bleibt hiervon unberührt. In diesem Fall ist im Betriebstagebuch festzuhalten, wer die Überwachung durchgeführt hat.

Die Selbstüberwachung umfasst insbesondere:

- Betriebs- und Funktionskontrollen der Abwasseranlage, einschließlich der Überwachungseinrichtungen und Geräte
- Probenahmen, Analysen, Messungen und Untersuchungen zur Abwassermenge, -beschaffenheit und zur Reinigungsleistung der Abwasserbehandlungsanlage
- Aufzeichnung der Ergebnisse der Messungen und Untersuchungen sowie der wesentlichen betrieblichen Änderungen und betrieblichen Vorkommnisse in einem Betriebstagebuch
- Auswertung und Vorlage der Aufzeichnungen in Form eines Betriebsberichts gegenüber der zuständigen unteren Wasserbehörde und
- Aufbewahrung der Aufzeichnungen und Auswertungen

Es ist das Analyse- oder Messverfahren anzuwenden, das aufgrund der Abwasserzusammensetzung für den jeweiligen Untersuchungsfall und das Untersuchungsziel am besten geeignet ist. Die Anwendung von Betriebsmethoden durch den Betreiber der Abwasseranlage ist ausreichend, wenn Probenahmen, Analysen, Messungen und Untersuchungen unter Beachtung der jeweiligen Regelungen der analytischen Qualitätssicherung (AQS) durchgeführt werden. Diese Bedingung wird durch die Anwendung der allgemein anerkannten Regeln der Technik erfüllt.

Prüfung – Kanäle und Leitungen

Selbstüberwachungsverordnung (SüVO SH) [38] Anlage 1 Pkt. 1.2.1

Für die Wiederholungsprüfungen für Kanäle ist folgendes definiert:

- Schmutz- und Mischwasserkanäle alle 15 Jahre
- Grundstücksanschlusskanäle gewerbliches Abwasser alle 15 Jahre
- Grundstücksanschlusskanäle häusliches Abwasser und Anschlussleitungen Straßenentwässerung alle 30 Jahre
- Regenwasserkanäle alle 20 Jahre

Betriebstagebuch

Selbstüberwachungsverordnung (SüVO SH) [38] § 3

Der Betreiber einer Abwasseranlage hat ein Betriebstagebuch zu führen, in das die Ergebnisse der Selbstüberwachung, einschließlich der Betriebs- und Funktionskontrollen, und der Zeitpunkt, zu dem die jeweiligen Probenahmen, Analysen, Messungen und Untersuchungen durchgeführt wurden, einzutragen sind. Es ist anzugeben, nach welcher Methode die jeweilige Untersuchung oder Kontrolle durchgeführt wurde. Die Unterlagen, die den Untersuchungen oder Kontrollen zugrunde liegen, sind zusammen mit dem Betriebstagebuch aufzubewahren. Außerdem sind Störungen zu vermerken, die eine Beeinträchtigung des Betriebs der Abwasseranlage oder nachteilige Veränderungen des Gewässers, in das das Abwasser nach Durchlaufen der Abwasseranlage eingeleitet wird, zur Folge hatten. Das Betriebstagebuch muss darüber hinaus die in den Anlagen der SüVO genannten Angaben enthalten. Die Eintragungen sind von der fachkundigen Person zu unterzeichnen, der die Bedienung der Abwasseranlage oder die Betreuung der Einleitung obliegt.

Das Betriebstagebuch ist mindestens halbjährlich der oder dem Gewässerschutzbeauftragten zur Kontrolle und Gegenzeichnung vorzulegen. Ist eine solche oder ein solcher nicht bestellt, ist das Betriebstagebuch von einem Mitglied der Geschäftsleitung oder einem leitenden Angestellten, bei Körperschaften des öffentlichen Rechts vom vertretungsberechtigten Organ oder seinem Vertreter zur Kontrolle und Gegenzeichnung vorzulegen.

Das Betriebstagebuch ist der zuständigen unteren Wasserbehörde auf Verlangen zur Einsichtnahme vorzulegen. Es kann mit Hilfe der elektronischen Datenverarbeitung erstellt werden, wenn damit die gleichwertige Erfassung gesichert ist. Die zuständige untere Wasserbehörde kann die Überlassung von Durchschriften, elektronischen Datenträgern oder Kopien der Eintragungen verlangen.

Das Betriebstagebuch ist fünf Jahre lang nach seiner letzten Eintragung aufzubewahren. Die darüber hinaus in behördlichen Entscheidungen festgelegten Fristen bleiben unberührt.

Betriebsbericht

Selbstüberwachungsverordnung (SüVO SH) [38] § 4

Die Ergebnisse der Selbstüberwachung sind durch den Betreiber der Abwasseranlage jährlich auf der Grundlage des Betriebstagebuchs und anderer für die Auswertung relevanter Daten in einem Betriebsbericht zusammenzufassen und auszuwerten. Der Betriebsbericht muss neben dem Namen und der Adresse des Betreibers und des Standorts der Abwasseranlage mindestens die Ergebnisse der geforderten Angaben für die unterschiedlichen Abwasseranlagen nach den Anlagen der SüVO enthalten. Mit aufzunehmen in den Betriebsbericht sind auch die Ergebnisse der Anforderungen, die in behördlichen Entscheidungen festgelegt wurden und über die Anforderungen an die Selbstüberwachung nach der SüVO hinausgehen.

Der Betreiber der Abwasseranlage hat den Betriebsbericht jährlich bis spätestens zum 1. März des Folgejahres der zuständigen unteren Wasserbehörde zu übermitteln. Äußert sich die zuständige untere Wasserbehörde nach Vorlage bis zum 1. Juli des Vorlagejahres nicht, gilt der Bericht als ordnungsgemäß geführt und termingerecht übermittelt. Die zuständige untere Wasserbehörde kann in begründeten Einzelfällen die Vorlage von Zwischenberichten verlangen.

3.1.16 Thüringen

Eigenkontrolle

Thüringer Abwassereigenkontrollverordnung (ThürAbwEKVO) [39] § 2

Die Eigenkontrolle umfasst insbesondere:

- Betriebs- und Funktionskontrollen
- Probenahmen, Messungen und Untersuchungen
- Aufzeichnungen der Messergebnisse und Untersuchungen sowie der wesentlichen Betriebsänderungen und -vorkommnisse im Betriebstagebuch
- die Auswertung und Vorlage der Aufzeichnungen in Form eines Eigenkontrollberichts bei der Wasserbehörde und die Aufbewahrung der Aufzeichnungen und Auswertungen

Eigenkontrollpflichtig ist der Unternehmer der Abwasseranlage. Er hat sicherzustellen, dass die Eigenkontrolle durch geeignete Personen durchgeführt wird. Die Durchführung der Eigenkontrolle kann durch schriftliche Vereinbarung ganz oder teilweise auf Dritte übertragen werden. In diesem Fall ist im Betriebstagebuch festzuhalten, wer die Kontrolle durchgeführt hat. Die Kosten für die Eigenkontrolle trägt der Unternehmer der Abwasseranlage, soweit in der AbwEKVO nichts anderes bestimmt ist.

Der Unternehmer der Abwasseranlage hat mindestens die in den Anlagen 1 bis 4 bezeichneten Prüfungen, Untersuchungen, Messungen, Auswertungen und Maßnahmen durchzuführen. Die darüber hinaus in wasserrechtlichen Genehmigungen oder Erlaubnissen, Indirekteinleitergenehmigungen oder anderen öffentlich-rechtlichen Entscheidungen festgelegten Anforderungen an die Eigenkontrolle sind zusätzlich zu erfüllen.

Es ist das Analyse- oder Messverfahren anzuwenden, das aufgrund der Abwasserzusammensetzung für den Untersuchungsfall am besten geeignet ist. Probenahmen, Messungen und Analysen sind unter Beachtung der allgemeinen Regelungen der analytischen Qualitätssicherung (AQS) durchzuführen.

Die Wasserbehörde kann im Einzelfall anordnen, dass der Unternehmer von Abwasseranlagen zusätzlich zu der in der AbwEKVO festgelegten Eigenkontrolle weitere Prüfungen, Untersuchungen, Messungen, Auswertungen und Maßnahmen durchzuführen hat.

Prüfung – Kanalisation

Thüringer Abwassereigenkontrollverordnung (ThürAbwEKVO) [39] Anlage 4 Pkt. 2.1

Bei nichtöffentlichen Kanalisationsanlagen sind im Abstand von fünf Jahren Dichtheitsnachweise zu führen.

Eigenkontrollbericht

Thüringer Abwassereigenkontrollverordnung (ThürAbwEKVO) [39] § 6

Die Ergebnisse der Eigenkontrolle sind durch den Unternehmer der Abwasseranlage in einem Eigenkontrollbericht zusammenzufassen und auszuwerten. Er hat den Eigenkontrollbericht jährlich bis spätestens zum 31. März des Folgejahres in zweifacher Ausfertigung der Wasserbehörde vorzulegen. Die Wasserbehörde kann die Vorlage von Zwischenberichten verlangen.

Die oberste Wasserbehörde kann festlegen, in welcher Form der Eigenkontrollbericht oder Teile davon zu übergeben sind. Sie kann ergänzend die Verpflichtung zur Übermittlung des Eigenkontrollberichts mit bestimmten Mitteln der elektronischen Datenverarbeitung festlegen.

Der Eigenkontrollbericht muss neben dem Namen und der Adresse des Unternehmers der Abwasseranlage mindestens die für die unterschiedlichen Abwasseranlagen nach den Anlagen 1 bis 4 geforderten Angaben enthalten. In wasserrechtlichen Zulassungen oder anderen öffentlich-rechtlichen Entscheidungen festgelegte darüber hinausgehende Anforderungen an den Eigenkontrollbericht sind zusätzlich zu erfüllen.

3.2 Anlagen mit Explosionsgefährdungen

Anlagen in explosionsgefährdeten Bereichen sind die Gesamtheit der explosionsschutzrelevanten Arbeitsmittel einschließlich der Verbindungselemente und der explosionsschutzrelevanten Gebäudeteile.

Wenn ein explosionsgefährdeter Bereich vorliegt und somit eine Ex-Zone vorhanden ist, enthält die Betriebssicherheitsverordnung (BetrSichV) [4] verschiedene Prüfverpflichtungen. In den TRBS 1201 [78], TRBS 1201 Teil 1 [40] und TRBS 1203 [6] diese weiter konkretisiert.

Wiederkehrende Prüfungen von Anlagen mit Explosionsgefährdungen	Prüfintervalle	Anforderungen an den Prüfer	Rechtsnorm
Gesamtanlage	alle 6 Jahre	befähigte Person	BetrSichV [4]
Anlagenteile: Geräte, Schutzsysteme, Sicherheits-, Kontroll- und Regelvorrichtungen	alle 3 Jahre	befähigte Person	
Anlagenteile: Lüftungsanlagen, Gaswarneinrichtungen und Inertisierungseinrichtungen	jährlich	befähigte Person	

Wiederkehrende Prüfungen von Anlagen in explosionsgefährdeten Bereichen

Betriebssicherheitsverordnung (BetrSichV) [4]
Anhang 2 Abschnitt 3 Pkt. 5.1

Anlagen in explosionsgefährdeten Bereichen sind mindestens alle sechs Jahre auf Explosionssicherheit hin zu prüfen. Hierbei sind das Explosionsschutzdokument und die Zoneneinteilung zu berücksichtigen. Bei der Prüfung ist festzustellen,

- ob die für die Prüfung benötigten technischen Unterlagen vollständig vorhanden sind und ihr Inhalt plausibel ist,
- ob die Prüfungen von Geräten, Schutzsystemen, Sicherheits-, Kontroll- und Regelvorrichtungen sowie von Lüftungsanlagen, Gaswarneinrichtungen und Inertisierungseinrichtungen durchgeführt und die dabei festgestellten Mängel behoben wurden, oder ob das Instandhaltungskonzept geeignet ist und angewendet wird,
- ob sich die Anlage in einem der BetrSichV [4] entsprechenden Zustand befindet und sicher verwendet werden kann, und
- ob die festgelegten technischen Maßnahmen geeignet und funktionsfähig und die festgelegten organisatorischen Maßnahmen geeignet sind.

Anforderungen an die befähigte Person

Betriebssicherheitsverordnung (BetrSichV) [4]
Anhang 2 Abschnitt 3 Pkt. 3

Die Prüfung darf dabei von einer befähigten Person durchgeführt werden, die

- über die allgemeinen Qualifikationen hinaus eine der folgenden Qualifikationen besitzt:
  – ein einschlägiges Studium
  – eine einschlägige Berufsausbildung
  – eine vergleichbare technische Qualifikation oder
  – eine andere technische Qualifikation mit langjähriger Erfahrung auf dem Gebiet der Sicherheitstechnik,
- über umfassende Kenntnisse des Explosionsschutzes einschließlich des zugehörigen Regelwerks verfügt,
- eine einschlägige Berufserfahrung aus einer zeitnahen Tätigkeit nachweisen kann,
- ihre Kenntnisse zum Explosionsschutz auf aktuellem Stand hält und
- sich regelmäßig durch Teilnahme an einschlägigem Erfahrungsaustausch auf dem Gebiet des Explosionsschutzes fortbildet.

Zusätzlich ist zu prüfen, ob die erforderlichen Maßnahmen zum Brandschutz eingehalten sind.

Wiederkehrende Prüfungen von Anlagenteilen

Betriebssicherheitsverordnung (BetrSichV) [4]
Anhang 2 Abschnitt 3 Pkt. 5.2 - 5.4

Geräte, Schutzsysteme, Sicherheits-, Kontroll- und Regelvorrichtungen im Sinne der Richtlinie 2014/34/EU [21] mit ihren Verbindungseinrichtungen sind – auch als Bestandteil der Anlagen – unter Berücksichtigung von Wechselwirkungen mit anderen Anlagenteilen wiederkehrend mindestens alle drei Jahre zu prüfen.

Lüftungsanlagen, Gaswarneinrichtungen und Inertisierungseinrichtungen sind – auch als Bestandteil von Anlagen – unter Berücksichtigung von Wechselwirkungen mit anderen Anlagenteilen wiederkehrend jährlich zu prüfen.

Auf die wiederkehrenden Prüfungen von Geräten, Schutzsystemen, Sicherheits-, Kontroll- und Regelvorrichtungen sowie von Lüftungsanlagen, Gaswarneinrichtungen und Inertisierungseinrichtungen kann verzichtet werden, wenn der Arbeitgeber im Rahmen der Dokumentation der Gefährdungsbeurteilung ein Instandhaltungskonzept festgelegt hat, das gleichwertig sicherstellt, dass ein sicherer Zustand der Anlagen aufrechterhalten wird und die Explosionssicherheit dauerhaft gewährleistet ist. Die Eignung des Instandhaltungskonzepts ist im Rahmen der Prüfung zu bewerten. Die im Rahmen des Instandhaltungskonzept durchgeführten Arbeiten und Maßnahmen an der Anlage sind zu dokumentieren und der Behörde auf Verlangen darzulegen.

Anforderungen an die befähigte Person

Betriebssicherheitsverordnung (BetrSichV) [4]
Anhang 2 Abschnitt 3 Pkt. 3

Die Prüfung von Geräten, Schutzsystemen, Sicherheits-, Kontroll- und Regelvorrichtungen sowie von Lüftungsanlagen, Gaswarneinrichtungen und Inertisierungseinrichtungen kann von einer zur Prüfung befähigten Person durchgeführt werden, die über die allgemeinen Qualifikationen hinaus

- eine einschlägige technische Berufsausbildung oder eine andere für die vorgesehenen Prüfungsaufgaben ausreichende technische Qualifikation besitzt,
- über eine mindestens einjährige Erfahrung mit der Herstellung, dem Zusammenbau, dem Betrieb oder der Instandhaltung der zu prüfenden Anlagen oder Anlagenkomponenten im Sinne dieses Abschnitts der BetrSichV [4] verfügt und
- ihre Kenntnisse über Explosionsgefährdungen durch Teilnahme an Schulungen oder Unterweisungen auf aktuellem Stand hält.

Checklisten und Vorlagen

Checkliste wiederkehrende Prüfung von Ex-Anlagen [133]

3.3 Anschlagmittel

Die Prüfprotokolle der Anschlagmittel sollten über die gesamte Lebensdauer der verwendeten Anschlagmittel aufbewahrt werden.

Vorlagen für die Prüfprotokolle sind unter dem jeweiligen Anschlagmittel verlinkt.

Wiederkehrende Prüfungen von Anschlagmitteln	Prüfintervalle	Anforderungen an den Prüfer	Rechtsnormen
Anschlag-Drahtseile	einmal jährlich	Sachkundiger	DGUV Regel 109-005 [41]

Wiederkehrende Prüfungen von Anschlagmitteln	Prüfintervalle	Anforderungen an den Prüfer	Rechtsnormen
Anschlag-Faserseile	einmal jährlich	befähigte Person	DGUV Information 209-061 [105]
Anschlag-Ketten: Prüfung Zustand der Bauteile	einmal jährlich	befähigte Person	TRBS 1201 [45]
Anschlag-Ketten: Prüfung auf Rissfreiheit	alle 3 Jahre	befähigte Person	

3.3.1 Anschlag-Drahtseile

Prüfungen

DGUV Regel 109-005 „Gebrauch von Anschlag-Drahtseilen" [41] Pkt. 4

Anschlag-Drahtseile sind gemäß der Betriebssicherheitsverordnung (BetrSichV) [4] nach den vom Unternehmer entsprechend der Gefährdungsbeurteilung festgelegten Fristen, mindestens jedoch einmal jährlich, durch einen Sachkundigen prüfen zu lassen. Entsprechend den Einsatzbedingungen und den betrieblichen Gegebenheiten können zwischenzeitlich weitere Prüfungen durch einen Sachkundigen erforderlich werden.

Checklisten und Vorlagen

Checkliste wiederkehrende Prüfung von Anschlag-Drahtseilen [42]

3.3.2 Anschlag-Faserseile

Prüfungen

DGUV Regel 109-006 „Gebrauch von Anschlag-Faserseilen" [43] Pkt. 4

Anschlag-Faserseile sind gemäß der Betriebssicherheitsverordnung (BetrSichV) [4] in Abständen, die vom Unternehmer nach einer Gefährdungsbeurteilung festgelegt wurden, durch eine befähigte Person prüfen zu lassen und zu dokumentieren.

Prüfungen Anschlagmittel aus Chemiefasern

DGUV Information 209-061 „Gebrauch von Hebebändern und Rundschlingen aus Chemiefasern" [105] Pkt. 3

Anschlagmittel aus Chemiefasern sind mindestens einmal jährlich durch einen Sachkundigen (befähigte Person gemäß BetrSichV [4]) prüfen zu lassen.

Entsprechend den Einsatzbedingungen und den betrieblichen Gegebenheiten können zwischenzeitlich weitere Prüfungen durch einen Sachkundigen erforderlich werden.

Aufgrund der Beanspruchung von Anschlagmitteln wird dringend die Festlegung kürzerer Prüfzeiten als einmal jährlich empfohlen (Gefährdungsbeurteilung).

Checklisten und Vorlagen

Checkliste wiederkehrende Prüfung von Anschlag-Faserseilen [44]

3.3.3 Anschlag-Ketten

Prüfungen

TRBS 1201 „Prüfungen von Arbeitsmitteln und überwachungsbedürftigen Anlagen" [45] Anlage Tabelle 2

Rundstahlketten sind einmal jährlich hinsichtlich des Zustands der Bauteile und alle drei Jahre auf Rissfreiheit hin zu prüfen.

Checklisten und Vorlagen

Checkliste wiederkehrende Prüfung von Anschlag-Ketten [46]

3.4 Aufzüge

Eine Unterteilung in Aufzugsanlagen zur

- Personenbeförderung und
- ausschließlichen Lastenbeförderung

sollte hinsichtlich der Prüfungen nicht vorgenommen werden.

Wiederkehrende Prüfungen von Aufzugsanlagen	Prüfintervalle	Anforderungen an den Prüfer	Rechtsnormen
Hauptprüfung	alle 2 Jahre	zugelassene Überwachungsstelle	BetrSichV [4]
Zwischenprüfung	in der Mitte des Prüfzeitraums zwischen zwei Prüfungen	zugelassene Überwachungsstelle	BetrSichV [4]

Haupt- und Zwischenprüfung

Betriebssicherheitsverordnung (BetrSichV) [4] Anhang 2 Abschnitt 2 Nr. 4.1

Aufzugsanlagen sind jährlich von einer zugelassenen Überwachungsstelle zu prüfen. Bei den Prüfungen wird unterschieden zwischen

- Hauptprüfung: Aufzugsanlagen sind alle zwei Jahre durch eine zugelassene Überwachungsstelle zu prüfen.
- Zwischenprüfung: Die Zwischenprüfung von Aufzugsanlagen ist in der Mitte des Prüfzeitraums zwischen zwei Prüfungen ebenfalls von einer zugelassenen Überwachungsstelle durchzuführen.
- Prüfung vor Inbetriebnahme bzw. Prüfung nach einer wesentlichen Änderung

TRBS 1201 Teil 4 „Prüfung von überwachungsbedürftigen Anlagen – Prüfung von Aufzugsanlagen" [47] Pkt. 3

Die Prüfung durch eine zugelassene Überwachungsstelle (ZÜS, siehe Pkt. 2.3.4 Seite 22) beinhaltet eine Ordnungsprüfung und eine Prüfung am Betriebsort.

Die Ordnungsprüfung umfasst die Prüfung der eingereichten Unterlagen durch eine zugelassene Überwachungsstelle auf Vollständigkeit. Hierbei sind insbesondere die vorgesehene Betriebsweise und die Aufstellungsbedingungen zu berücksichtigen.

Zusätzlich muss bei Aufzugsanlagen ohne Beschaffenheitsnachweis durch ein abgeschlossenes Konformitätsbewertungsverfahren die Einhaltung des Standes der Technik nachgewiesen und festgestellt werden (z. B. statische und dynamische Nachweise der Konstruktionsteile, elektrische und hydraulische Schaltpläne, Nachweise und Prüfanleitungen der verwendeten Sicherheitsbauteile, Abweichungen zur Norm und adäquate Ersatzmaßnahmen).

Bei der Prüfung am Betriebsort werden die Funktion und die Wirksamkeit aller vorhandenen Sicherheitseinrichtungen einschließlich der elektrischen Sicherheitsschaltungen und der Sicherheitsschalter sowie die Wirksamkeit der Schutzmaßnahmen des Sicherheitsstromkreises geprüft. Damit diese geprüft und beurteilt werden können, müssen die dazu erforderlichen Prüfanleitungen, Prüfmittel oder Bewertungskriterien des Herstellers am Betriebsort vorhanden sein.

Zur Prüfung muss die Anlage im betriebsbereiten Zustand sein.

Wiederkehrende Prüfungen

TRBS 1201 Teil 4 „Prüfung von überwachungsbedürftigen Anlagen – Prüfung von Aufzugsanlagen" [47] Pkt. 3

Die wiederkehrende Hauptprüfung umfasst insbesondere:

- Prüfung der Funktion und Wirksamkeit aller vorhandenen Sicherheitseinrichtungen einschließlich der elektrischen Sicherheitsschaltungen und Sicherheitsschalter sowie der Wirksamkeit der Schutzmaßnahmen des Sicherheitsstromkreises
- Prüfung der Tragmittel und ihrer Befestigung auf ordnungsgemäßen Zustand und Prüfung der Tragmittel auf Ablegereife
- Prüfung der Wirksamkeit des Notrufsystems
- Prüfung der Funktion der Tragseil-Gewichtsausgleichseinrichtung
- Prüfung von mechanischen Bremsen
- Prüfung der Treibfähigkeit
- Prüfung der Fangvorrichtung
- Prüfung der Sicherheitseinrichtung gegen unkontrollierte Aufwärtsbewegung
- Prüfung der Aufsetzvorrichtung
- Prüfung von Aufzugsanlagen mit hydraulischem Antrieb
- Prüfung der Puffer
- Prüfung der Sicherheit der elektrischen Anlagen und Betriebsmittel der Aufzugsanlage

Die wiederkehrende Zwischenprüfung umfasst mindestens:

- Prüfung der Treibscheibe auf Verschleiß und der Tragmittel auf Ablegereife sowie deren Befestigung auf ordnungsgemäßen Zustand
- Prüfung des Notrufsystems
- Prüfung der Funktion der mechanischen Bremse
- Prüfung der Funktion der Fahrkorbtür, der Schachttüren und die Wirksamkeit der Schachttürverschlüsse sowie deren elektrischen Sicherheitseinrichtungen

Organisation – Aufzugsbeauftragter

TRBS 3121 „Betrieb von Aufzugsanlagen" [48] Pkt. 3.3

Der Betreiber hat eine oder mehrere Personen, die über die notwendige Zuverlässigkeit und das erforderliche Sicherheitsbewusstsein verfügen, zu beauftragen,

- die Aufzugsanlage zu beaufsichtigen,
- regelmäßige Kontrollen durchzuführen und
- eingeschlossene Personen zu befreien.

Regelmäßige Kontrollen

TRBS 3121 „Betrieb von Aufzugsanlagen" [48] Pkt. 3.3

Bei den regelmäßigen Kontrollen ist zu prüfen, ob

- die Zugänge zum Fahrschacht, zum Triebwerk und den dazugehörenden Schalteinrichtungen frei und sicher begehbar sind und im Triebwerksraum keine aufzugsfremden Gegenstände gelagert werden;
- der Fahrkorb nicht anfahren kann, solange eine Schachttür geöffnet ist;
- eine Schachttür sich nicht öffnen lässt, solange sich der Fahrkorb außerhalb der Entriegelungszone dieser Tür befindet;
- der Fahrkorb nicht anfahren kann, solange die Fahrkorbtür geöffnet ist;
- die für die Aufzugsanlage übliche Haltegenauigkeit in den einzelnen Haltestellen noch vorhanden ist;
- die Notrufeinrichtung funktioniert (soweit das Notrufsystem nicht eine automatische Selbstprüfung enthält) und die Hinweise zur Personenbefreiung an der Hauptzugangsstelle lesbar und aktuell sind;

- der Notbremsschalter bzw. der TÜR-AUF-Taster wirksam ist;
- bei Fahrkörben ohne Fahrkorbtüren die Schachtwand an den Zugangsseiten des Fahrkorbes nicht beschädigt ist;
- die Fahrkorbbeleuchtung funktionsfähig ist;
- Fahrkorbwände und -türen sowie Schachtwände und -türen nicht mechanisch beschädigt sind;
- die bestimmungsgemäße Benutzung bzw. der ordnungsgemäße Betrieb der Aufzugsanlage entsprechend den Herstellervorgaben stattfindet.

Es wird empfohlen, die durchgeführten Kontrollen und das Ergebnis zu dokumentieren.

Checklisten und Vorlagen

- Checkliste Hauptprüfung von Aufzugsanlagen [49]
- Checkliste Zwischenprüfung von Aufzugsanlagen [50]

3.5 Blitzschutzanlagen

Das Blitzkugelverfahren ist ein maßgebliches Verfahren zur Ermittlung von Eintrittstellen, die für einen direkten Blitzeinschlag in Frage kommen. Es ist in der DIN EN 62305-3/VDE 0185-305-3 [51] normiert und definiert den durch einen Blitz gefährdeten Bereich als Kugel, deren Mittelpunkt die Spitze des Blitzes ist. Die Oberfläche der Kugel stellt eine Äquipotenzialfläche eines elektrischen Feldes dar. Es gibt vier Blitzschutzklassen, die jeweils verschiedenen Wahrscheinlichkeiten dafür entsprechen, dass der Scheitelwert eines Blitzstroms unterhalb einer vorgegebenen Stromstärke liegt. Die Blitzschutzklasse einer Anlage muss auf der Grundlage einer Risikobewertung nach DIN EN 62305-2/VDE 0185-305-2 [54] ermittelt werden. Für jede Blitzschutzklasse wird eine Blitzkugel mit einem bestimmten Radius definiert:

- Klasse I: 20 Meter
- Klasse II: 30 Meter
- Klasse III: 45 Meter
- Klasse IV: 60 Meter

Erfahrungsgemäß kann an jedem Ort einer Anlage, die von einer Kugel solcher Größe berührt werden könnte, ein Blitzschlag mit entsprechender Blitzschutzklasse erfolgen. Je kleiner der Radius der Blitzkugel angenommen wird, desto mehr potenzielle Einschlagstellen werden erkannt. [53]

Blitzschutzanlagen sind in Abhängigkeit der Klasse in den nachfolgenden Abständen wiederkehrend zu prüfen. Detaillierte Anforderungen hierzu enthält die DIN EN 62305-3/VDE 0185-305-3 [51].

Wiederkehrende Prüfungen von Blitzschutzanlagen	Prüfintervalle	Anforderung an den Prüfer	Rechtsnorm
Klassen I und II: Sichtprüfung	jährlich	Blitzschutz-fachkraft	DIN EN 62305-3/VDE 0185-305-3 [51]
Klassen I und II: umfassende Prüfung	alle 2 Jahre		
Klassen III und IV: Sichtprüfung	alle 2 Jahre		
Klassen III und IV: umfassende Prüfung	alle 4 Jahre		

Das Bundesland Sachsen-Anhalt hat zudem eine Prüfung durch Sachkundige im Baurecht verankert (siehe Seite 55). Gleiches gilt für das Bundesland Rheinland Pfalz (siehe Seite 55).

3.6 Brandmelde- und Feuerschutzeinrichtungen

Zu den baulichen Brandmelde- und Feuerschutzeinrichtungen zählen:

- CO-Warnanlagen
- Rauchabzugsanlagen
- selbsttätige Feuerlöschanlagen wie Sprinkleranlagen, Sprühwasser-Löschanlagen und Wassernebel-Löschanlagen
- nichtselbsttätige Feuerlöschanlagen mit nassen Steigleitungen und Druckerhöhungsanlagen einschließlich des Anschlusses an die Wasserversorgungsanlage
- Brandmelde- und Alarmierungsanlagen
- Sicherheitsstromversorgungen

Die Prüfanforderungen sind baurechtlich in den Prüfverordnungen der Bundesländer geregelt. Kein Bundesland weicht diesbezüglich von der Muster-Prüfverordnung [55] ab.

Detaillierte Anforderungen an Feuerlöschanlagen und Feuerlöscher sind zudem in der VDS-Richtlinie 2109 „Sprühwasser-Löschanlagen, Planung und Einbau" [71], der DGUV Regel 105-001 „Einsatz von Feuerlöschanlagen mit sauerstoffverdrängenden Gasen" [73] und der ASR A2.2 „Maßnahmen gegen Brände" [79] beschrieben.

3.6.1 Muster-Prüfverordnung [55]

Prüfung Brandschutz

Muster-Prüfverordnung (MPrüfVO) [55] § 2

Brandmelde- und Feuerschutzeinrichtungen sind durch Prüfsachverständige für die Prüfung technischer Anlagen auf ihre Wirksamkeit und Betriebssicherheit einschließlich des bestimmungsgemäßen Zusammenwirkens von Anlagen (Wirk-Prinzip-Prüfung) zu prüfen.

Die Prüfungen sind

- vor der ersten Aufnahme der Nutzung der baulichen Anlagen,
- unverzüglich nach einer technischen Änderung der baulichen Anlagen und
- unverzüglich nach einer wesentlichen Änderung der technischen Anlagen sowie
- jeweils innerhalb einer Frist von 3 Jahren (wiederkehrende Prüfungen)

durchführen zu lassen.

Die Berichte über Prüfungen sind der zuständigen Bauaufsichtsbehörde zu übermitteln. Die Dokumente sind mindestens fünf Jahre aufzubewahren.

3.6.2 Baden-Württemberg

In Baden-Württemberg gibt es keine Prüfverordnung zu baulichen Brandmelde- und Feuerschutzeinrichtungen. Es empfiehlt sich daher, die Muster-Prüfverordnung (siehe Seite 53) heranzuziehen.

3.6.3 Bayern

Die Bayerische Sicherheitsanlagen-Prüfverordnung [56] enthält keine Abweichungen zur Muster-Prüfverordnung (siehe Seite 53).

3.6.4 Berlin

Die Berliner Verordnung über den Betrieb von baulichen Anlagen (BetrVO Bln) [57] enthält keine Abweichungen zur Muster-Prüfverordnung (siehe Seite 53).

3.6.5 Brandenburg

Die Brandenburgische Sicherheitstechnische Gebäudeausrüstungs-Prüfverordnung (BbgSGPrüfV) [58] enthält keine Abweichungen zur Muster-Prüfverordnung (siehe Seite 53).

3.6.6 Bremen

Die Bremische Anlagenprüfverordnung (BremAnlPrüfV) [59] enthält keine Abweichungen zur Muster-Prüfverordnung (siehe Seite 53).

3.6.7 Hamburg

Die Prüfverordnung von Hamburg (PVO HH) [60] enthält keine Abweichungen zur Muster-Prüfverordnung (siehe Seite 53).

3.6.8 Hessen

Die Technische Prüfverordnung von Hessen (TPrüfVO HE) [61] enthält keine Abweichungen zur Muster-Prüfverordnung (siehe Seite 53).

3.6.9 Mecklenburg-Vorpommern

Die Verordnung über die Prüfingenieurinnen, Prüfingenieure, Prüfsachverständigen und die Prüfung technischer Anlagen von Mecklenburg-Vorpommern (BauPrüfVO MV) [62] enthält keine Abweichungen zur Muster-Prüfverordnung (siehe Seite 53).

3.6.10 Niedersachsen

Die Allgemeine Durchführungsverordnung zur Niedersächsischen Bauordnung (DVO-NBauO) [63] enthält keine Abweichungen zur Muster-Prüfverordnung (siehe Seite 53).

3.6.11 Nordrhein-Westfalen

Prüfverordnung (PrüfVO NRW) [64] § 2

Die technischen Anlagen sowie die dafür bauordnungsrechtlich geforderten Brandschutzmaßnahmen müssen von Prüfsachverständigen auf ihre Wirksamkeit und Betriebssicherheit einschließlich des bestimmungsgemäßen Zusammenwirkens von Anlagen (Wirk-Prinzip-Prüfung) geprüft werden, und zwar

- auf Veranlassung und auf Kosten des Bauherrn in den Fällen der ersten Inbetriebnahme und nach wesentlichen Änderungen vor der Wiederinbetriebnahme als Erstprüfung und
- auf Veranlassung und auf Kosten des Betreibers in den übrigen Fällen als wiederkehrende Prüfung.

Wiederkehrenden Prüfungen sind für folgende Anlagen zu veranlassen:

- alle 3 Jahre für:
  - CO-Warnanlagen in geschlossenen Großgaragen
  - ortsfeste, selbsttätige Feuerlöschanlagen
  - lüftungstechnische Anlagen
  - maschinelle Lüftungsanlagen in geschlossenen Mittel- und Großgaragen
  - Druckbelüftungsanlagen zur Rauchfreihaltung von Rettungswegen
  - maschinelle Rauchabzugsanlagen
  - Sicherheitsbeleuchtungs- und Sicherheitsstromversorgungsanlagen
  - Brandmelde- und Alarmierungsanlagen

- alle 6 Jahre für:
  - elektrische Anlagen
  - natürliche Rauchabzugsanlagen
  - ortsfeste, nichtselbsttätige Feuerlöschanlagen

Die untere Bauaufsichtsbehörde kann im Einzelfall die aufgeführten Prüffristen verkürzen, wenn dies zur Gefahrenabwehr erforderlich ist. Sie kann bei Schadensfällen oder Mängeln an den technischen Anlagen im Einzelfall weitere Prüfungen anordnen. Die untere Bauaufsichtsbehörde und die für die Brandschau zuständige Behörde sind berechtigt, an den Prüfungen teilzunehmen.

3.6.12 Rheinland-Pfalz

In Rheinland-Pfalz enthält die Landesverordnung über die Prüfung haustechnischer Anlagen und Einrichtungen (HTechAnlV RP) [65] Anforderungen an die Prüfung von Brandmelde- und Feuerschutzeinrichtungen. Sie entspricht der Muster-Prüfverordnung hinsichtlich der Prüfung von raumlufttechnischen Anlagen und Sicherheitsstromversorgungen, fordert allerdings zusätzlich eine jährliche Prüfung von

- selbsttätigen Feuerlöschanlagen und
- CO-Warnanlagen in geschlossenen Großgaragen

durch Sachverständige.

Alle anderen Feuerlöschanlagen unterliegen der dreijährigen Prüffrist durch Sachkundige.

Außerdem bestimmt die HTechAnlV RP [65], dass elektrische Starkstromanlagen in bestimmten Versammlungsstätten, Verkaufsstätten, Ausstellungsstätten, Gaststätten und Hochhäusern sowie Krankenhäusern – in Krankenhäusern jedoch nur elektrische Starkstromanlagen, die der Aufrechterhaltung des Betriebs dienen

– ebenfalls alle drei Jahre durch Sachverständige geprüft werden müssen.

Hinsichtlich der Prüfung von Brandmelde- und Alarmanlagen sowie Rauchabzugseinrichtungen legt sie wiederum eine dreijährige Prüfpflicht fest, anders als in der Musterprüfverordnung [55] vorgesehen, dürfen diese auch durch Sachkundige geprüft werden. Automatische Schiebetüren und elektrische Verriegelungen von Türen in Rettungswegen sowie Schutzvorhänge zwischen Bühnen und Versammlungsräumen müssen jährlich, Blitzschutzanlagen (siehe auch Seite 52) alle fünf Jahre durch Sachkundige geprüft werden.

3.6.13 Saarland

Die Technische Prüfverordnung des Saarlands (TPrüfVO Srl) [66] enthält keine Abweichungen zur Muster-Prüfverordnung (siehe Seite 53).

3.6.14 Sachsen

Die Sächsische Technische Prüfverordnung (SächsTechPrüfVO) [67] enthält keine Abweichungen zur Muster-Prüfverordnung (siehe Seite 53).

3.6.15 Sachsen-Anhalt

Verordnung über technische Anlagen und Einrichtungen nach Bauordnungsrecht (TAnlVO LSA) [68] § 2

Durch einen anerkannten Prüfsachverständigen für technische Anlagen und Einrichtungen gemäß einer Verordnung über Prüfingenieure und Prüfsachverständige müssen auf ihre Wirksamkeit und Betriebssicherheit einschließlich des bestimmungsgemäßen Zusammenwirkens von Anlagen und Einrichtungen (Wirk-Prinzip-Prüfung) geprüft werden:

- Lüftungsanlagen zur Verhütung erheblicher Gefahren
- CO-Warnanlagen
- Rauchabzugsanlagen
- Druckbelüftungsanlagen
- Feuerlöschanlagen – ausgenommen nichtselbstständige Feuerlöschanlagen mit trockenen Steigleitungen ohne Druckerhöhungsanlagen
- automatische Brandmeldeanlagen und automatische Alarmierungsanlagen
- Sicherheitsstromversorgungen und zugehörige Anlagen und Einrichtungen des Brandschutzes, z. B. für Sicherheitsbeleuchtungen und Feuerwehraufzüge; Anlagen der Allgemeinstromversorgung, soweit sie in unmittelbarem Zusammenhang mit der Sicherheitsstromversorgung stehen

Durch einen Sachkundigen müssen auf ihre Wirksamkeit und Betriebssicherheit geprüft werden:

- Blitzschutzanlagen (siehe auch Seite 52),
- natürlich wirkende Anlagen zur Rauchableitung, die nur manuell oder zusätzlich durch Schmelzlot ausgelöst werden
- Brandmeldeanlagen mit nichtautomatischen Brandmeldern
- nichtautomatische Alarmierungseinrichtungen
- Feststellanlagen von selbsttätig schließenden Feuer- und Rauchschutztüren
- elektrische Verriegelungen von Türen in Rettungswegen
- automatische Schiebetüren in Rettungswegen

Die Prüfungen sind

- vor der ersten Inbetriebnahme der technischen Anlagen und Einrichtungen,
- unverzüglich nach einer wesentlichen Änderung und
- wiederkehrend alle 3 Jahre

durchführen zu lassen.

Der Bauherr, Eigentümer oder Betreiber von technischen Anlagen oder Einrichtungen hat die Bescheinigungen über Prüfungen vor der ersten Inbetriebnahme und der Wiederinbetriebnahme nach wesentlichen Änderungen der zuständigen Bauaufsichtsbehörde zu übersenden sowie die Bescheinigungen über wiederkehrende Prüfungen mindestens fünf Jahre aufzubewahren und der Bauaufsichtsbehörde auf Verlangen vorzulegen.

3.6.16 Schleswig-Holstein

Die Prüfverordnung von Schleswig-Holstein (PrüfVO SH) [69] enthält keine Abweichungen zur Muster-Prüfverordnung (siehe Seite 53).

3.6.17 Thüringen

Die Prüfverordnung von Thüringen (ThürTechPrüfVO) [70] enthält keine Abweichungen zur Muster-Prüfverordnung (siehe Seite 53).

3.6.18 Feuerlöschanlagen mit Wasser

Die verschiedenen Teile einer Feuerlöschanlage mit Wasser sind in unterschiedlichen Abständen wiederkehrend zu prüfen und zu dokumentieren. Dabei sind insbesondere auch die von der Errichterfirma mitgelieferten Hinweise zu beachten. Grundsätzlich sind Feuerlöschanlagen mit Wasser durch einen VdS-anerkannten Errichter – je nach Art des Instandhaltungsgegenstands – halbjährlich, jährlich, alle 3, 5, 15 und 12,5 bzw. 25 Jahre einer Prüfung zu unterziehen. Abhängig von den Gegebenheiten können zusätzlich weitere Kontrollen durch den Betreiber (z. B. täglich, wöchentlich, monatlich oder vierteljährlich) erforderlich sein. Detaillierte Anforderungen an die Prüfung von Feuerlöschanlagen mit Wasser sind in der

VdS-Richtlinie 2109 „Sprühwasser-Löschanlagen, Planung und Einbau" [71] beschrieben.

3.6.19 Feuerlöschanlagen mit Gas

Prüfung vor Inbetriebnahme/nach wesentlicher Änderung

DGUV Regel 105-001 „Einsatz von Feuerlöschanlagen mit sauerstoffverdrängenden Gasen" [73] Pkt. 6.2.1

Der Unternehmer hat für Löschanlagen, bei deren Einsatz keine Gefährdung von Personen besteht, nach Errichtung oder nach wesentlichen Änderungen der Anlage eine Abnahmeprüfung durch einen Sachkundigen durchführen zu lassen. Der Sachkundige hat in einem Abnahmeprotokoll zu dokumentieren, dass von der Anlage keine Gefährdung für Personen ausgeht. Im Zweifelsfall kann die zuständige Berufsgenossenschaft die Überprüfung durch einen Sachverständigen verlangen.

Wiederkehrende Prüfung

DGUV Regel 105-001 „Einsatz von Feuerlöschanlagen mit sauerstoffverdrängenden Gasen" [73] Pkt. 6.3.1

Die regelmäßige Prüfung der Löschanlagen hat alle zwei Jahre durch einen Sachverständigen zu erfolgen.

Aufbewahrungspflicht Prüfergebnisse

DGUV Regel 105-001 „Einsatz von Feuerlöschanlagen mit sauerstoffverdrängenden Gasen" [73] Pkt. 6.4.1

Die Ergebnisse der Prüfungen sind in einem Prüfbuch oder Prüfbericht festzuhalten und aufzubewahren (mindestens vier Jahre lang).

3.6.20 Feuerlöscher

Wartung und Prüfung

ASR A2.2 „Maßnahmen gegen Brände" [79] Pkt. 6.3

Die Bauteile von Feuerlöschern und die in diesen enthaltenen Löschmittel können im Laufe der Zeit unter den äußeren Einflüssen am Aufstellungsort (z. B. Temperatur, Luftfeuchtigkeit, Verschmutzung, Erschütterung und unsachgemäße Behandlung) unbrauchbar werden. Zur Sicherstellung der Funktionsfähigkeit sind Feuerlöscher daher mindestens alle zwei Jahre durch einen Sachkundigen zu prüfen.

Entsprechend legt auch u.a. die HTechAnlV RP [65] eine wiederkehrende Frist zur Prüfung von Feuerlöschern durch Sachkundige alle zwei Jahre fest.

Bei starker Beanspruchung, etwa durch Umwelteinflüsse oder mobilen Einsatz, können kürzere Zeitabstände erforderlich sein.

Checklisten und Vorlagen

Checkliste Feuerlöscher [72]

3.7 Brandschutztüren und -tore

Sicherheitstechnische Prüfung

DGUV Information 208-022 „Türen und Tore" [77] Pkt. 10.2

Brandschutztüren und -tore sind nach der allgemeinen bauaufsichtlichen Zulassung bzw. dem Prüfzeugnis regelmäßig zu prüfen, damit sie im Notfall einwandfrei schließen (z. B. Feststellanlagen einmal monatlich durch den Betreiber und einmal jährlich durch den Sachkundigen, siehe Seite 59).

Die sicherheitstechnische Prüfung schließt die Überprüfung des Vorhandenseins einer vollständigen technischen Dokumentation und der Betriebsanleitung ein.

Die sicherheitstechnische Prüfung von kraftbetätigten Türen und Toren darf nur durch Sachkundige durchgeführt werden, die die Funktionstüchtigkeit der Schutzeinrichtungen beurteilen und mit geeigneter Messtechnik, die z. B. den zeitlichen Kraftverlauf an Schließkanten nachweist, überprüfen können.

Des Weiteren sind die länderspezifischen baurechtlichen Bestimmungen (z. B. Technische Prüfverordnung, siehe Seite 53) zu beachten.

3.8 Druckanlagen

Wiederkehrende Prüfungen von Druckanlagen	Prüfintervalle	Anforderungen an den Prüfer	Rechtsnormen
Dampfkessel äußere Prüfung	einmal jährlich	ZÜS	BetrSichV [4]
Dampfkessel innere Prüfung	alle 3 Jahre	ZÜS	
Dampfkessel Festigkeitsprüfung	alle 9 Jahre	ZÜS	
Anlagenprüfung Kälte- und Wärmepumpenanlagen, die mit Kältemitteln in geschlossenem Kreislauf betrieben werden	alle 5 Jahre	ZÜS	
Kompressoren	einmal jährlich	befähigte Person	TRBS 1201 [78]

Druckanlagen sind:

- Dampfkesselanlagen, die beheizte überhitzungsgefährdete Druckgeräte zur Erzeugung von Dampf oder Heißwasser mit einer Temperatur von mehr als 110 Grad Celsius beinhalten
- Anlagen zur Abfüllung von verdichteten, verflüssigten oder unter Druck gelösten Gasen einschließlich der Lager- und Vorratsbehälter (Füllanlagen), die dazu bestimmt sind, dass in ihnen folgende Behälter, Geräte oder Fahrzeuge befüllt werden:
  - Druckbehälter zum Lagern von Gasen mit Gasen aus ortsbeweglichen Druckgeräten
  - ortsbewegliche Druckgeräte mit Gasen
  - Land-, Wasser- oder Luftfahrzeuge mit Gasen zur Verwendung als Treib- oder Brennstoff
- Rohrleitungsanlagen unter innerem Überdruck für Gase, Dämpfe oder Flüssigkeiten, die als entzündbar, pyrophor, akut toxisch oder ätzend eingestuft sind

Diese müssen zugleich

- Druckgeräte im Sinne der Richtlinie 2014/68/EU [74] (Druckgeräte-Richtlinie für Druckgeräte > 0,5 bar) oder
- ortsbewegliche Druckgeräte im Sinne der Richtlinie 2010/35/EU [75] oder
- einfache Druckbehälter im Sinne der Richtlinie 2014/29/EU [76] (Druckbehälterrichtlinie)

sein.

Prüfung vor Inbetriebnahme und nach prüfpflichtigen Änderungen

Betriebssicherheitsverordnung (BetrSichV) [4]
Abschnitt 4 Nr. 4

Druckanlagen sind stets vor der erstmaligen Inbetriebnahme und nach prüfpflichtigen Änderungen zu prüfen. Die Prüfung ist von einer zugelassenen Überwachungsstelle durchzuführen.

Bei der Prüfung vor Inbetriebnahme ist zu prüfen,

- ob die für die Prüfung benötigten technischen Unterlagen, wie beispielsweise die EG-Kon-

formitätserklärung, vorhanden sind und ihr Inhalt plausibel ist, und
- ob die Anlage einschließlich der Anlagenteile entsprechend der BetrSichV [4] errichtet wurde und in einem sicheren Zustand ist.

Die Prüfung nach einer prüfpflichtigen Änderung darf sich darauf beschränken, zu prüfen, ob die Anlage entsprechend der BetrSichV [4] geändert wurde und sicher funktioniert.

Wiederkehrende Prüfung von Anlagen und Anlagenteilen

Betriebssicherheitsverordnung (BetrSichV) [4]
Abschnitt 4 Nr. 5

Druckanlagen sind wiederkehrend zu prüfen. Die Prüfung ist grundsätzlich (mit Ausnahmen, siehe nächste Unterabschnitte) von einer zugelassenen Überwachungsstelle durchzuführen.

Bei der wiederkehrenden Prüfung ist festzustellen,

- ob die für die Prüfung benötigten technischen Unterlagen vorhanden sind und ihr Inhalt plausibel ist,
- ob sich die Anlage in einem der BetrSichV [4] entsprechenden Zustand befindet und sicher verwendet werden kann, und
- ob die festgelegten technischen Maßnahmen geeignet und funktionsfähig und die festgelegten organisatorischen Maßnahmen geeignet sind.

Die vom Arbeitgeber im Rahmen der Gefährdungsbeurteilung festzulegende Prüffrist darf zehn Jahre nicht überschreiten.
Die im Rahmen der Gefährdungsbeurteilung festzulegende Prüffrist muss bei Anlagen nach Abschnitt 4 Nr. 5 spätestens innerhalb von sechs Monaten nach der Inbetriebnahme der Anlage ermittelt werden.

Wiederkehrende Prüfungen der Anlagenteile bestehen aus äußeren Prüfungen, inneren Prüfungen und Festigkeitsprüfungen.

3.8.1 Dampfkessel

Wiederkehrende Prüfungen

Betriebssicherheitsverordnung (BetrSichV) [4]
Abschnitt 4 Nr. 5 Tabelle 1

Abschnitt 4 Nr. 5 Tabelle 1 der BetrSichV [4] legt die Höchstfristen für die wiederkehrenden Prüfungen von Anlagenteilen durch eine zugelassene Überwachungsstelle (ZÜS, siehe Seite 58) fest. Die Dampfkessel-Prüfzyklen sind:

- für die äußere Prüfung – jährlich
- für die innere Prüfung – alle 3 Jahre
- für die Festigkeitsprüfung – alle 9 Jahre

3.8.2 Druckanlagen

Prüfungen

Betriebssicherheitsverordnung (BetrSichV) [4]
Abschnitt 4 Nr. 5 Tabellen 1 bis 11

Abschnitt 4 Nr. 5 Tabellen 1 bis 11 legen Fristen für die Prüfungen und Prüfzuständigkeiten (nicht alle Prüfungen müssen durch eine ZÜS durchgeführt werden) fest.

3.8.2.1 Kälte- und Wärmepumpenanlagen

Wiederkehrende Prüfungen

Betriebssicherheitsverordnung (BetrSichV) [4]
Anhang 2 Abschnitt 4. Pkt. 6.2

Für bestimmte Anlagen und Anlagenteile gelten besondere Prüfanforderungen. Demnach sind bei Kälte- und Wärmepumpenanlagen, die mit Kältemitteln in geschlossenem Kreislauf betrieben werden und wiederkehrend von einer zugelassenen Überwachungsstelle geprüft werden müssen, die Anlagenprüfungen spätestens alle fünf Jahre durchzuführen.

Wiederkehrende innere Prüfungen und Festigkeitsprüfungen müssen nur durchgeführt werden, wenn das Anlagenteil zu Instandsetzungsarbeiten außer Betrieb genommen wird.

Checklisten und Vorlagen

Checkliste wiederkehrende Prüfung von Druckanlagen [80]

3.8.3 Kompressoren

Prüfung vor Inbetriebnahme

TRBS 1201 „Prüfungen von Arbeitsmitteln und überwachungsbedürftigen Anlagen" [78] Tabelle 1

Kompressoren ohne Druckbehälter (ausgenommen ortsveränderliche Luftkompressoren und stationäre Luftkompressoren < 100 MW) sind von einer befähigten Person vor Inbetriebnahme zu prüfen. Die Prüfung umfasst:

- Aufstellung
- Ausrüstung
- Betriebsbereitschaft u. a. Anordnung der Stellteile von Not-Befehlseinrichtungen (Not-Aus) und Hauptschalter
- Eignung des Aufstellungsorts
- elektrische Ausrüstung
- Schwingungsübertragung
- Standsicherheit der Anlage
- Vollständigkeit der Ausrüstung
- Sicherung der Ansaugöffnung
- Sicherung von Gefahrstellen durch trennende Schutzreinrichtungen
- elektrostatische Erdung
- automatische Abschalteinrichtungen
- Schutz vor heißen Oberflächen
- Druckentlastungseinrichtung
- Druckanzeige

Bewährte Prüffristen für wiederkehrende Prüfungen/Überprüfungen

TRBS 1201 „Prüfungen von Arbeitsmitteln und überwachungsbedürftigen Anlagen" [78] Tabelle 2

Kompressoren ohne Druckbehälter sollten jährlich geprüft werden. Hierbei handelt es sich der Empfehlung nach um eine Funktionsprüfung der Sicherheitseinrichtungen an Kompressoren (z. B. Druck-, Temperaturüberwachung, Druckentlastungseinrichtungen, Pumpverhütungseinrichtung, elektrische Steuerung, automatische Abschalteinrichtungen) mit

- Überprüfung des Zustands der Bauteile und Ausrüstungen,
- Überprüfung der Vollständigkeit und Wirksamkeit der Sicherheitseinrichtungen,
- Prüfung druckführender Schlauchleitungen,
- Prüfung der Fundamentbefestigung,
- Prüfung der elektrischen Installation und Verkabelung auf Verschleiß und Beschädigung sowie
- Überprüfung der Sicherung von Gefahrstellen durch trennende Schutzeinrichtungen und der Sicherung der Ansaugöffnungen.

Dichtheitsprüfungen

DGUV Regel 100-500 „Betreiben von Arbeitsmitteln" [104] Teil 2 Nr. 3.6.2.3

Der Unternehmer hat dafür zu sorgen, dass Kompressoren zum Komprimieren von Gasen oder Dämpfen mit gefährlichen Eigenschaften sowohl nach Instandsetzungsarbeiten, die ihre Dichtheit beeinträchtigen können, als auch in wiederkehrenden Zeitabständen einer Dichtheitsprüfung unterzogen werden. Dies gilt ebenso für Rohrleitungen als Bestandteile von Kompressoren, sofern in ihnen Gase oder Dämpfe mit gefährlichen Eigenschaften enthalten sein können oder fortgeleitet werden.

Dichtheit ist das zum Schutz der Personen notwendige Vermeiden von Gasaustritten. In Fällen, in denen das zum Schutz der Personen nötige Maß an Dichtheit nicht erreicht werden kann, ist zumindest das nach dem Stand der Technik erreichbare Maß an Dichtheit zu fordern. In diesen Fällen müssen zum Schutz der Personen am Aufstellungsort des Kompressors zusätzliche Maßnahmen getroffen werden.

Die Dichtheitsprüfung kann mit einem Inertgas, mit Luft oder mit Betriebsgas unter Betriebsbedingungen durchgeführt werden.

Aufbewahrungspflicht – Prüfergebnisse

DGUV Regel 100-500 „Betreiben von Arbeitsmitteln" [104] Teil 2 Nr. 3.6.3

Es wird empfohlen, die Ergebnisse der Prüfungen zu dokumentieren und mindestens drei Jahre aufzubewahren. Aus der Dokumentation über die Prüfung sollen ersichtlich sein:

- Datum der Prüfung
- Ergebnis der Prüfung
- Name des Prüfers
- Adresse des Prüfers
- Berufsbezeichnung des Prüfers

- Dienststelle oder Firma, bei der der Prüfer beschäftigt ist
- Prüfungsart (Prüfung vor Inbetriebnahme, wiederkehrende Prüfung)
- festgestellte Mängel
- Beurteilung, ob dem Weiterbetrieb Bedenken entgegenstehen
- Entscheidung, ob eine Nachprüfung erforderlich ist
- Termin für die nächste Prüfung

Checklisten und Vorlagen

Checkliste wiederkehrende Prüfung von Kompressoren [81]

3.9 Elektrische Betriebsmittel

Die Durchführungsanweisung zur DGUV Vorschrift 3 „Elektrische Anlagen und Betriebsmittel" [83] unterscheidet zwischen

- ortsfesten und
- ortsveränderlichen

elektrischen Anlagen.

3.9.1 Ortsfeste elektrische Betriebsmittel

Wiederkehrende Prüfungen ortsfester elektrischer Betriebsmittel	Prüfintervalle	Anforderungen an den Prüfer	Rechtsnorm
Elektrische Anlagen und Betriebsmittel	alle 4 Jahre	Elektrofachkraft	DGUV Vorschrift 3 [83]
Elektrische Anlagen und ortsfeste elektrische Betriebsmittel in „Betriebsstätten, Räumen und Anlagen besonderer Art"	jährlich	Elektrofachkraft	
Schutzmaßnahmen mit Fehlerstrom-Schutzeinrichtungen in nichtstationären Anlagen	monatlich	Elektrofachkraft oder elektrotechnisch unterwiesene Person bei Verwendung geeigneter Mess- und Prüfgeräte	

Wiederkehrende Prüfungen ortsfester elektrischer Betriebsmittel	Prüfintervalle	Anforderungen an den Prüfer	Rechtsnorm
Fehlerstrom-, Differenzstrom- und Fehlerspannungs-Schutzschalter in stationären Anlagen	halbjährlich	Benutzer	DGUV Vorschrift 3 [83]
Fehlerstrom-, Differenzstrom- und Fehlerspannungs-Schutzschalter in nichtstationären Anlagen	arbeitstäglich	Benutzer	

Wiederholungsprüfungen ortsfester elektrischer Anlagen und Betriebsmittel

DGUV Vorschrift 3 „Elektrische Anlagen und Betriebsmittel" [83] Tabelle 1A

- **Elektrische Anlagen und ortsfeste Betriebsmittel**
  Die Elektrofachkraft hat entsprechende Betriebsmittel alle 4 Jahre auf ordnungsgemäßen Zustand hin zu prüfen.
- **Ortsfeste elektrische Betriebsmittel in Betriebsstätten besonderer Art**
  In Betriebsstätten besonderer Art unterliegen die Betriebsmittel erhöhten Anforderungen, z. B. durch Feuchtigkeit, Staubablagerungen, zusätzliche mechanische Beanspruchungen. Die Elektrofachkraft prüft hier jährlich die elektrischen ortsfesten Betriebsmittel auf ihren ordnungsgemäßen Zustand hin.
- **Schutzmaßnahmen mit Fehlerstromschutzeinrichtungen in nichtstationären Anlagen**
  Diese Sicherheitseinrichtungen sind von der Elektrofachkraft oder einer elektrotechnisch unterwiesenen Person bei Verwendung geeigneter Mess- und Prüfgeräte monatlich auf Wirksamkeit zu prüfen.
- **Fehlerstrom-, Differenzstrom- und Fehlerspannungsschutzschalter**
  Die Schutzschalter sind von den Benutzern selbst arbeitstäglich im Falle von nichtstationären Anlagen und alle 6 Monate bei stationären Anlagen auf einwandfreie Funktion durch Betätigen der Prüfeinrichtung zu prüfen.

Die Forderungen sind für ortsfeste elektrische Anlagen und Betriebsmittel auch erfüllt, wenn diese von einer Elektrofachkraft ständig überwacht werden.
Ortsfeste elektrische Anlagen und Betriebsmittel gelten als ständig überwacht, wenn sie kontinuierlich

- von Elektrofachkräften instandgehalten und
- durch messtechnische Maßnahmen im Rahmen des Betreibens (z. B. Überwachen des Isolationswiderstandes) geprüft werden.

3.9.2 Ortsveränderliche elektrische Betriebsmittel

Wiederholungsprüfungen ortsveränderlicher elektrischer Betriebsmittel

DGUV Vorschrift 3 „Elektrische Anlagen und Betriebsmittel" [83] Tabelle 1B

Zu diesen Betriebsmitteln zählen auch Verlängerungs- und Geräteanschlussleitungen mit Steckvorrichtungen. Als Richtwert gelten hierfür sechs Monate (auf Baustellen drei Monate) für die Prüfung auf ordnungsgemäßen Zustand hin durch die Elektrofachkraft. Als Maximalwert für Büroräume oder ähnliche Bedingungen sind zwei Jahre definiert.

Checklisten und Vorlagen

- Beispiel-Checkliste zum Besichtigen von Arbeitsmitteln (ortsveränderlich) [84]
- Checkliste allgemeine Prüfung ortsveränderlicher elektrischer Betriebsmittel [85]
- Checkliste erweiterte Prüfung ortsveränderlicher elektrischer Arbeitsmittel – Geräte mit sekundärem Spannungsausgang [86]

3.9.3 Schutz- und Hilfsmittel zum sicheren Arbeiten in elektrischen Anlagen

Wiederkehrende Prüfungen von Schutz- und Hilfsmitteln	Prüfintervalle	Anforderungen an den Prüfer	Rechtsnorm
Isolierte Werkzeuge, Kabelschneidgeräte; isolierende Schutzvorrichtungen sowie Betätigungs- und Erdungsstangen, Spannungsprüfer, Phasenvergleicher	vor jeder Benutzung	Benutzer	DGUV Vorschrift 3 [83]
Spannungsprüfer, Phasenvergleicher und Spannungsprüfsysteme (kapazitive Anzeigesysteme) für Nennspannungen über 1 kV	alle 6 Jahre	Elektrofachkraft	
Isolierende Schutzbekleidung	vor jeder Benutzung	Benutzer	
	alle 12 Monate bzw. 6 Monate für isolierende Handschuhe	Elektrofachkraft	

Prüfungen Werkzeuge Elektroarbeiten

DGUV Vorschrift 3 „Elektrische Anlagen und Betriebsmittel" [83] Tabelle 1C

- **Isolierte Werkzeuge, Kabelschneidgeräte, isolierende Schutzvorrichtungen sowie Betätigungs- und Erdungsstangen, Spannungsprüfer, Phasenvergleicher**
Diese Hilfsmittel sind durch den Benutzer vor jeder Benutzung auf einwandfreie Funktion bzw. auf äußerlich erkennbare Schäden und Mängel zu prüfen.

- **Spannungsprüfer, Phasenvergleicher und Spannungsprüfsysteme für Nennspannungen über 1 kV**
Diese Schutz- und Hilfsmittel sind durch die Elektrofachkraft alle 6 Jahre auf Einhaltung der Grenzwerte gemäß der einschlägigen elektrotechnischen Regeln hin zu prüfen.

Prüfungen elektrisch isolierende Schutzbekleidung

DGUV Vorschrift 3 „Elektrische Anlagen und Betriebsmittel" [83] Tabelle 1C

Die Benutzer sollten die Schutzbekleidung vor jeder Benutzung auf augenfällige Mängel prüfen. Die Elektrofachkraft muss jährlich bzw. halbjährlich für isolierende Handschuhe die Einhaltung der Grenzwerte gemäß der einschlägigen elektrotechnischen Regeln prüfen.

3.10 Fenster/Oberlichter (kraftbetrieben)

Prüfungen

ASR A1.6 „Fenster, Oberlichter, lichtdurchlässige Wände" [87] Pkt. 5

Kraftbetätigte Fenster müssen nach den Vorgaben des Herstellers vor der ersten Inbetriebnahme, nach wesentlichen Änderungen und wiederkehrend sachgerecht auf ihren sicheren Zustand hin geprüft werden.

Die wiederkehrende Prüfung ist mindestens einmal jährlich durch Sachkundige durchzuführen.

3.11 Feuerungsanlagen (Heizung)

Im Folgenden werden die Prüfpflichten zur wiederkehrenden Emissionsgrenzwertmessung und zur Kehrung für sogenannte kleine und mittlere Feuerungsanlagen im Sinne der 1. BImSchV [92], die gemäß dem BImSchG [93] nicht genehmigungsbedürftig sind, aufgeführt. Abhängig von der Art des Brennstoffs – fest, flüssig oder gasförmig – ergeben sich dabei unterschiedliche Prüfzyklen.

Allgemeine Prüfpflicht

Verordnung über die Kehrung und Überprüfung von Anlagen (Kehr- und Überprüfungsordnung, KÜO) [91] § 1

Kehr- oder überprüfungspflichtig sind folgende Anlagen:

- Abgasanlagen
- Heizgaswege der Feuerstätten
- Räucheranlagen
- notwendige Verbrennungsluft- und Abluftanlagen

Bei Feuerstätten, Blockheizkraftwerken, Wärmepumpen und ortsfesten Verbrennungsmotoren für flüssige und gasförmige Brennstoffe darf der Kohlenmonoxidanteil im Rahmen der Abgaswegüberprüfung bezogen auf unverdünntes, trockenes Abgas nicht mehr als 1000 ppm betragen. Bei Überschreitung dieser Werte ist die Überprüfung in Abhängigkeit von der konkreten Gefährdungslage spätestens nach sechs Wochen zu wiederholen.

3.11.1 Feste Brennstoffe

Wiederkehrende Emissionsgrenzwertmessung

Erste Verordnung zur Durchführung des Bundes-Immissionsschutzgesetzes (Verordnung über kleine und mittlere Feuerungsanlagen, 1. BImSchV) [92] § 15

Alle zwei Jahre ist die Einhaltung der Emissionsgrenzwerte von einem Schornsteinfeger durch Messungen feststellen zu lassen.

Kehrungen

Erste Verordnung zur Durchführung des Bundes-Immissionsschutzgesetzes (Verordnung über kleine und mittlere Feuerungsanlagen, 1. BImSchV) [92] Anlage 1

- Pro Kalenderjahr sind für Feuerstätten mit Verbrennung von Holzpellets zwei Kehrungen vorgeschrieben.
- Unabhängig von der Art des festen Brennstoffs sind bei regelmäßiger ganzjähriger Nutzung der Feuerstätte vier Kehrungen im Kalenderjahr erforderlich.

- Bei nicht regelmäßiger, aber häufiger als gelegentlicher Nutzung müssen zwei Kehrungen durchgeführt werden.
- Wird die Feuerstätte in der üblichen Heizperiode regelmäßig benutzt, sind drei Kehrungen im Kalenderjahr erforderlich.

3.11.2 Flüssige Brennstoffe

Wiederkehrende Emissionsgrenzwertmessung

Erste Verordnung zur Durchführung des Bundes-Immissionsschutzgesetzes (Verordnung über kleine und mittlere Feuerungsanlagen, 1. BImSchV) [92]
§ 15

- Alle drei Jahre ist die Einhaltung der Emissionsgrenzwerte durch Anlagen, deren Inbetriebnahme oder wesentliche Änderung weniger als 12 Jahre zurückliegt, von einem Schornsteinfeger durch Messungen feststellen zu lassen.
- Alle zwei Jahre ist die Einhaltung der Emissionsgrenzwerte durch Anlagen, deren Inbetriebnahme oder wesentliche Änderung mehr als 12 Jahre zurückliegt, von einem Schornsteinfeger durch Messungen feststellen zu lassen.

Kehrungen

Erste Verordnung zur Durchführung des Bundes-Immissionsschutzgesetzes (Verordnung über kleine und mittlere Feuerungsanlagen, 1. BImSchV) [92]
Anlage 1

- Für gelegentlich genutzte Feuerstätten ist eine Kehrung pro Kalenderjahr vorgeschrieben.
- Bei nicht regelmäßiger, aber häufiger als gelegentlicher Nutzung müssen zwei Kehrungen durchgeführt werden.
- Wird die Feuerstätte in der üblichen Heizperiode regelmäßig benutzt, sind drei Kehrungen im Kalenderjahr erforderlich.

3.11.3 Gasförmige Brennstoffe

Wiederkehrende Emissionsgrenzwertmessung

Erste Verordnung zur Durchführung des Bundes-Immissionsschutzgesetzes (Verordnung über kleine und mittlere Feuerungsanlagen, 1. BImSchV) [92]
§ 15

- Alle drei Jahre ist die Einhaltung der Emissionsgrenzwerte durch Anlagen, deren Inbetriebnahme oder wesentliche Änderung weniger als 12 Jahre zurückliegt, von einem Schornsteinfeger durch Messungen feststellen zu lassen.
- Alle zwei Jahre ist die Einhaltung der Emissionsgrenzwerte durch Anlagen, deren Inbetriebnahme oder wesentliche Änderung mehr als 12 Jahre zurückliegt, von einem Schornsteinfeger durch Messungen feststellen zu lassen.

Überprüfung raumluftabhängige Feuerstätte

Erste Verordnung zur Durchführung des Bundes-Immissionsschutzgesetzes (Verordnung über kleine und mittlere Feuerungsanlagen, 1. BImSchV) [92]
Anlage 1

Die Überprüfung hat einmal im Kalenderjahr durch den zuständigen Schornsteinfeger zu erfolgen.

3.12 Fahrzeuge

Wiederkehrende Prüfungen von Fahrzeugen	Prüfintervalle	Anforderungen an den Prüfer	Rechtsnormen
DGUV-Prüfung	einmal jährlich	Sachkundiger	DGUV Vorschrift 70 [94]
Hauptuntersuchung Pkw	erste Hauptuntersuchung nach 36 Monaten; alle weiteren alle 24 Monate	amtlich anerkannter Sachverständiger oder Prüfer für den Kraftfahrzeugverkehr oder ein von einer amtlich anerkannten Überwachungsorganisation betrauter Prüfingenieur (im Folgenden als PI bezeichnet)	StVZO [96]
Hauptuntersuchung Lkw (zulässige Gesamtmasse >3,5 t <7,5 t)	einmal jährlich		
Sicherheitsprüfung Lkw (zulässige Gesamtmasse >7,5 t <12 t)	bei erstmals in Verkehr gekommenen Fahrzeugen in den ersten 36 Monaten; für die weiteren Untersuchungen alle 6 Monate	anerkannte Kraftfahrzeugwerkstätten oder Prüfer für den Kraftfahrzeugverkehr (aaSoP) oder PI	
Hauptuntersuchung Lkw (zulässige Gesamtmasse >7,5 t <12 t)	bei erstmals in Verkehr gekommenen Fahrzeugen in den ersten 36 Monaten; für die weiteren Untersuchungen alle 12 Monate Hauptprüfung	amtlich anerkannter Sachverständiger oder Prüfer für den Kraftfahrzeugverkehr oder PI	
Flurförderzeuge	einmal jährlich	sachkundige Person	DGUV Vorschrift 68 [97]

Im Sinne der DGUV Vorschrift 70 „Fahrzeuge" [94] sind Fahrzeuge maschinell angetriebene, nicht an Schienen gebundene Landfahrzeuge und deren Anhängefahrzeuge. Als Fahrzeug gilt auch der fahrzeugtechnische Teil von Arbeitsmaschinen und Arbeitseinrichtungen, sofern sie selbstfahrend oder als Anhängefahrzeuge verfahrbar sind.

DGUV-Prüfung

DGUV Vorschrift 70 „Fahrzeuge" [94] § 57

Der Unternehmer hat Fahrzeuge bei Bedarf, mindestens jedoch einmal jährlich, durch einen Sachkundigen auf ihren betriebssicheren Zustand hin prüfen zu lassen.

Die Ergebnisse der Prüfung sind schriftlich niederzulegen und mindestens bis zur nächsten Prüfung aufzubewahren.

3.12.1 Pkw und Lkw

Hauptuntersuchungen und Sicherheitsprüfungen

Straßenverkehrs-Zulassungs-Ordnung (StVZO) [96] Anlage VIII

- Pkw: bei erstmals in Verkehr gekommenen Personenkraftwagen für die erste Hauptuntersuchung nach 36 Monaten; alle weiteren Hauptuntersuchungen alle 24 Monate
- Kraftfahrzeuge, die zur Güterbeförderung bestimmt sind, selbstfahrende Arbeitsmaschinen, Zugmaschinen und Kraftfahrzeuge mit einer zulässigen Gesamtmasse > 3,5 t < 7,5 t: Hauptuntersuchung einmal jährlich
- Kraftfahrzeuge, die zur Güterbeförderung bestimmt sind, selbstfahrende Arbeitsmaschinen, Zugmaschinen sowie Kraftfahrzeuge mit einer zulässigen Gesamtmasse > 7,5 t < 12 t bei erstmals in Verkehr gekommenen Fahrzeugen in den ersten 36 Monaten, für die weiteren Untersuchungen alle 6 Monate Sicherheitsprüfung und alle 12 Monate Hauptprüfung

Hauptuntersuchungen: durchzuführen von amtlich anerkannten Sachverständigen oder Prüfern für den Kraftfahrzeugverkehr oder von einer amtlich anerkannten Überwachungsorganisation durch einen von ihr betrauten Prüfingenieur (PI)

Sicherheitsprüfungen: durchzuführen von hierfür anerkannten Kraftfahrzeugwerkstätten oder von einem Prüfer für den Kraftfahrzeugverkehr (aaSoP) oder PI

3.12.2 Flurförderzeuge

Organisation – Qualifikation Instandhalter

DGUV Vorschrift 68 „Flurförderzeuge" [97] § 10

Der Unternehmer darf mit Instandsetzungsarbeiten an Flurförderzeugen nur fachkundige Personen beauftragen.

Wiederkehrende Prüfungen

DGUV Vorschrift 68 „Flurförderzeuge" [97] §§ 37 ff.

Der Unternehmer hat dafür zu sorgen, dass Flurförderzeuge, ihre Anbaugeräte und die nach der DGUV Vorschrift 68 [97] für den Betrieb von Flurförderzeugen in Schmalgängen erforderlichen Sicherheitseinrichtungen in Abständen von längstens einem Jahr durch einen Sachkundigen geprüft werden.

Der Unternehmer hat dafür zu sorgen, dass die zum Betrieb von Flurförderzeugen in Schmalgängen erforderlichen Sicherheitseinrichtungen einer täglichen Funktionsprüfung unterzogen werden. Dies gilt nicht, sofern ein Ausfall der Sicherheitseinrichtung selbsttätig und für das Bedienungspersonal deutlich erkennbar angezeigt wird.

Die wiederkehrenden Prüfungen müssen sich auf die Prüfung des Zustands der Bauteile und Einrichtungen, auf Vollständigkeit und Wirksamkeit der Sicherheitseinrichtungen sowie auf Vollständigkeit des Prüfnachweises erstrecken.

Der Unternehmer hat über die wiederkehrenden Prüfungen Nachweis zu führen. Der Prüfnachweis muss enthalten:

- Datum und Umfang der Prüfung mit Angabe evtl. noch ausstehender Teilprüfungen
- Ergebnis der Prüfung mit Angabe der festgestellten Mängel
- Beurteilung, ob dem Weiterbetrieb Bedenken entgegenstehen
- Angaben über notwendige Nachprüfungen
- Name und Anschrift des Prüfers

Bei Flurförderzeugen mit durch Muskelkraft bewegtem Fahrwerk braucht der Nachweis nur auf Verlangen der Berufsgenossenschaft oder der Arbeitsschutzbehörde geführt zu werden.

Der Unternehmer hat dafür zu sorgen, dass die Beseitigung der bei der Prüfung festgestellten Mängel im Prüfnachweis vermerkt wird.

Der Unternehmer hat dafür zu sorgen, dass die Prüfnachweise bei Bedarf eingesehen werden können.

Checklisten und Vorlagen

- Checkliste Arbeitssicherheit Fahrzeuge allgemein [98]
- Checkliste wiederkehrende Prüfung von Fahrzeugen gemäß DGUV Vorschrift 70 [99]
- Checkliste DGUV-Prüfung von Flurförderzeugen [100]

3.13 Flüssiggasanlagen

Wiederkehrende Prüfungen Flüssiggasanlagen	Prüfintervalle	Anforderung an den Prüfer	Rechtsnorm
Ortsveränderliche Flüssiggasanlage	mindestens alle 2 Jahre	befähigte Person	BetrSichV [4]
Ortsfeste Flüssiggasanlage	mindestens alle 4 Jahre		
Flüssiggasanlage mit Gasverbrauchseinrichtungen in Räumen unter Erdgleiche	mindestens jährlich		
Flüssiggasbetriebene Räucheranlage	mindestens jährlich		
Flüssiggasanlagen in oder an Fahrzeugen	mindestens alle 2 Jahre		
Flüssiggasanlage auf Maschinen und Geräten des Bauwesens	mindestens jährlich		
Arbeitsgeräte und -maschinen mit Gasentnahme aus der Flüssigphase	mindestens jährlich		
Fahrzeuge mit Flüssiggasverbrennungsmotoren, die nicht Regelungsgegenstand der Straßenverkehrs-Zulassungs-Ordnung sind	mindestens jährlich		

Prüfungen

Betriebssicherheitsverordnung (BetrSichV) [4]
Anhang 3 Abschnitt 2 Pkt. 4

Die im Folgenden genannten Flüssiggasanlagen mit brennbaren Gasen sind vor ihrer erstmaligen Inbetriebnahme, vor Wiederinbetriebnahme nach prüfpflichtigen Änderungen und nach den genannten Höchstfristen wiederkehrend von einer zur Prüfung befähigten Personen zu prüfen.

Prüffristen für die wiederkehrende Prüfung:

- ortsveränderliche Flüssiggasanlage – mindestens alle 2 Jahre
- ortsfeste Flüssiggasanlage – mindestens alle 4 Jahre
- Flüssiggasanlage mit Gasverbrauchseinrichtungen in Räumen unter Erdgleiche – mindestens jährlich
- flüssiggasbetriebene Räucheranlage – mindestens jährlich
- Flüssiggasanlagen in oder an Fahrzeugen – mindestens alle 2 Jahre
- Flüssiggasanlage auf Maschinen und Geräten des Bauwesens – mindestens jährlich
- Arbeitsgeräte und -maschinen mit Gasentnahme aus der Flüssigphase – mindestens jährlich
- Fahrzeuge mit Flüssiggasverbrennungsmotoren, die nicht Regelungsgegenstand der Straßenverkehrs-Zulassungs-Ordnung [96] sind – mindestens jährlich

Prüfaufzeichnungen

Betriebssicherheitsverordnung (BetrSichV) [4]
Anhang 3 Abschnitt 2 Pkt. 4

Aufzeichnungen sind – abweichend von § 14 Absatz 7 Satz 1 – über die gesamte Verwendungsdauer des Arbeitsmittels aufzubewahren.

Checklisten und Vorlagen

Checkliste wiederkehrende Prüfung von Flüssiggasanlagen [101]

3.14 Gerüste

Wiederkehrende Prüfungen von Gerüsten	Prüfintervalle	Anforderungen an den Prüfer	Rechtsnorm
Prüfung auf ordnungsgemäße Montage und sichere Funktion	nach der Montage	Gerüstersteller (befähigte Person)	TRBS 2121 Teil 1 [102]
Sichere Funktion	vor der ersten Benutzung	Gerüstbenutzer	

Prüfungen vor Benutzung und währenddessen

TRBS 2121 Teil 1 „Gefährdungen von Personen durch Absturz – Bereitstellung und Benutzung von Gerüsten" [102] Pkt. 5

Bei der Bereitstellung von Gerüsten und deren Benutzung bei der Arbeit ist zu berücksichtigen, dass eine Prüfung durch den Gerüstersteller nach der Montage und eine Prüfung durch den Gerüstbenutzer vor der ersten Benutzung zu erfolgen hat.

Der Gerüstersteller hat sicherzustellen, dass das Gerüst nach Abschluss der Montagearbeiten, d. h. vor der Übergabe an den Gerüstbenutzer durch eine befähigte Person geprüft wird. Die Prüfung erfolgt auf Grundlage des Plans für Auf-, Um- und Abbau (Montageanweisung). Die Prüfung hat den Zweck, sich von der ordnungsgemäßen Montage und der sicheren Funktion der Gerüste zu überzeugen.

Prüfumfang

TRBS 2121 Teil 1 „Gefährdungen von Personen durch Absturz – Bereitstellung und Benutzung von Gerüsten" [102] Pkt. 5

Der Prüfumfang sollte umfassen:

- verwendete Bauteile
  - Beschaffenheit, z. B. augenscheinlich unbeschädigt
  - Kennzeichnung, z. B. Rohre, Gerüstkupplungen, Bauteile von Systemen
  - Maße, z. B. Belagbohlen, Rohrwanddicken
- Standsicherheit
  - Tragfähigkeit des Untergrunds und von Anhängepunkten
  - Verankerung, Prüfung
  - Tragsystem
  - Abstände von Ständern, Abhängungen, Konsolen, Auslegern
  - Verankerungsraster, Verbände und Aussteifungen
  - Exzentrizitäten, Spindellängen, Schiefstellungen, Toleranzen
- Arbeits- und Betriebssicherheit
  - Kennzeichnung der Breiten- und Lastklasse
  - Seitenschutz
  - Aufstiege
  - Eckausführung
  - Vollständigkeit und Auflagerung der Beläge
  - Abstand zwischen Bauwerk und Belagkante
  - Ausbildung der Beläge in Abhängigkeit von der Absturzhöhe
  - Schutzwand im Dachfanggerüst

Jeder Arbeitgeber, der Gerüste oder Teilbereiche von Gerüsten von Beschäftigten benutzen lässt, hat im Rahmen der Gefährdungsbeurteilung zu ermitteln, ob eine Prüfung vor der Benutzung erforderlich ist.

Erforderliche Prüfungen müssen von einer befähigten Person durchgeführt werden. Die Prüfung hat den Zweck, sich von der sicheren Funktion in Abhängigkeit der jeweiligen Nutzung der Gerüste zu überzeugen.

Es ist die Eignung für den vorgesehenen Verwendungszweck als Arbeits- oder Schutzgerüst unter Berücksichtigung der Last-, Breiten- und Höhenklassen festzustellen. Das Gerüst ist auf augenfällige Mängel hinsichtlich der sicheren Benutzung zu prüfen. Wird das Gerüst von mehreren Arbeitgebern gleichzeitig oder nacheinander benutzt, hat jeder Arbeitgeber sicherzustellen, dass die vorgenannte Prüfung durchgeführt wird.

Dokumentation der Ergebnisse

TRBS 2121 Teil 1 „Gefährdungen von Personen durch Absturz – Bereitstellung und Benutzung von Gerüsten" [102] Pkt. 5.6

Der Arbeitgeber hat die Ergebnisse der Prüfungen zu dokumentieren. Die Dokumentation sollte über einen angemessenen Zeitraum, mindestens jedoch drei Monate über die Standzeit des Gerüstes hinaus, aufbewahrt werden. Am Gerüst ist ein Nachweis über die Durchführung der letzten Prüfung anzubringen.

Checklisten und Vorlagen

Vorlage Prüfprotokoll vor der ersten Inbetriebnahme von Gerüsten [103]

3.15 Hebebühnen

Wiederkehrende Prüfung von Hebebühnen	Prüfintervall	Anforderung an den Prüfer	Rechtsnorm
Sicht- und Funktionsprüfung	jährlich	Sachkundige	DGUV Regel 100-500 [104]

Regelmäßige Prüfung

DGUV Regel 100-500 „Betreiben von Arbeitsmitteln" [104] Kapitel 2.10 Pkt. 2.9.1 f.

Hebebühnen sind nach der ersten Inbetriebnahme in Abständen von längstens einem Jahr durch einen Sachkundigen prüfen zu lassen.

Hebebühnen mit mehr als zwei Metern Hubhöhe und Hebebühnen, die dafür bestimmt sind, dass Personen auf dem Lastaufnahmemittel mitfahren oder sich unter dem Lastaufnahmemittel oder der Last aufhalten, sind nach Änderungen der Konstruktion und nach wesentlichen Instandsetzungen an tragenden Teilen vor der Wiederinbetriebnahme durch einen Sachverständigen prüfen zu lassen (außerordentliche Prüfung).

Prüfumfang

DGUV Regel 100-500 „Betreiben von Arbeitsmitteln" [104] Kapitel 2.10 Pkt. 2.9.3

Die regelmäßige Prüfung ist im Wesentlichen eine Sicht- und Funktionsprüfung. Sie erstreckt sich auf die Prüfung des Zustands der Bauteile und Einrichtungen, Vollständigkeit und Wirksamkeit der Sicherheitseinrichtungen sowie Vollständigkeit des Prüfbuchs. Der Umfang der außerordentlichen Prüfung richtet sich nach Art und Umfang der Änderung der Konstruktion oder Instandsetzung.

Prüfbuch

DGUV Regel 100-500 „Betreiben von Arbeitsmitteln" [104] Kapitel 2.10 Pkt. 2.9.4

Über die Prüfung von Hebebühnen ist durch ein Prüfbuch Nachweis zu führen. Das Prüfbuch hat die Befunde über die Prüfung vor der ersten Inbetriebnahme sowie die regelmäßigen und außerordentlichen Prüfungen – ggf. die Bescheinigungen über die (EG-)Baumusterprüfung und die EG-Konformitätserklärung – zu enthalten. Die für die regelmäßigen Prüfungen erforderlichen Unterlagen müssen beigefügt sein.

Der Befund muss enthalten:

- Datum und Umfang der Prüfung mit Angabe der noch ausstehenden Teilprüfungen
- Ergebnis der Prüfung mit Angabe der festgestellten Mängel
- Beurteilung, ob der Inbetriebnahme oder dem Weiterbetrieb Bedenken entgegenstehen
- Angaben über notwendige Nachprüfungen
- Name, Anschrift und Unterschrift des Prüfers

Die Kenntnisnahme und die Abstellung festgestellter Mängel sind vom Unternehmer im Befund zu bestätigen.

3.16 Hydraulikinstandhaltung

Wiederkehrende Prüfungen bei der Hydraulikinstandhaltung	Prüfintervalle	Anforderung an den Prüfer	Rechtsnormen
Hydraulikflüssigkeiten	entsprechend den Betriebsbedingungen und Umgebungseinflüssen	befähigte Person	DGUV Regel 113-020 [108]
Hydraulikschlauchleitungen normale Anforderungen	alle 12 Monate		
Hydraulikschlauchleitungen erhöhte Anforderungen	alle 6 Monate		

3.16.1 Hydraulikflüssigkeiten

Prüfung Gebrauchsfähigkeit Hydraulik-Flüssigkeiten

DGUV Regel 113-020 „Hydraulik-Schlauchleitungen und Hydraulik-Flüssigkeiten – Regeln für den sicheren Einsatz" [108] Pkt. 6.3

Um die einwandfreie und sichere Funktion der Anlage und der eingesetzten Hydraulik-Schlauchleitungen zu gewährleisten, ist unbedingt darauf zu achten, dass die Hydraulik-Flüssigkeit während der gesamten Einsatzdauer weder durch Alterung noch durch Verunreinigungen ihre Einsatzfähigkeit verliert.

Ist die Druckflüssigkeit verunreinigt, so ist sie ggf. zu reinigen oder auszuwechseln.

Der Einsatz von auf das System abgestimmten Hydraulik-Flüssigkeitsfiltern mit Verschmutzungs- oder Differenzdruckanzeige hilft, die Reinheit der Hydraulik-Flüssigkeit im Einsatz zu gewährleisten und eine unzulässige Verunreinigung durch Partikel zu vermeiden.

Online-Partikelzähler erlauben, eine ungewöhnlich starke Zunahme von Verunreinigungen im System frühzeitig zu erkennen. Hinweise zum Einbauort und den Betriebsverhältnissen der Hersteller derartiger Messgeräte sind unbedingt zu beachten.

Zur Festlegung geeigneter Abhilfemaßnahmen ist der Gesamtzustand der Hydraulik-Flüssigkeit zu berücksichtigen.

Zur Filtration von Hydraulik-Flüssigkeiten siehe auch DGUV Information „Filtration von Hydraulikflüssigkeiten" (FBHM 082 [109]).

Die Gebrauchsfähigkeit der Hydraulik-Flüssigkeit ist regelmäßig zu prüfen.

Sie ist dann nicht mehr gegeben, wenn wesentliche Eigenschaften der Hydraulik-Flüssigkeit deutlich von den Spezifikationen und definierten Grenzwerten abweichen.

Die Prüfintervalle und Parameter zur Überwachung der Gebrauchsfähigkeit der Hydraulik-Flüssigkeiten hängen in starkem Maße vom Typ der Hydraulik-Flüssigkeit und dem Hydrauliksystem ab, in welchem sie eingesetzt ist. Hinweise dazu kann der Hersteller der Druckflüssigkeit bzw. der Hydraulikanlage geben. Für bestimmte Prüfungen existieren genormte Festlegungen.

Für nichtwässrige Hydraulik-Flüssigkeiten (Mineralöle, umweltschonende Hydrauliköle, HFDU, HFDR) sind beispielsweise folgende Parameter wichtig:

- Reinheitsklasse
- Wassergehalt
- im Öl enthaltene Verschleißpartikel
- Viskosität
- Alterungszustand je nach Fluid-Typ z. B. durch Neutralisationszahl, Oxidation und Additivabbau

Für wässrige Druckflüssigkeiten (HFC, HFA) können das beispielsweise sein:

- pH-Wert
- Reservealkalität
- Wassergehalt
- Viskosität
- Gehalt und Art der ungelösten Stoffe

Im Anhang 3 der DGUV Regel 113-020 [108] sind geeignete Prüfverfahren je nach Anwendungsbereich angegeben.

Die Prüfintervalle sind entsprechend den Betriebsbedingungen und Umgebungseinflüssen zu wählen. Sie werden in der Regel durch den Hersteller der Hydraulikanlage empfohlen (Betriebsanleitung).

3.16.2 Hydraulik-Schlauchleitungen

Prüfung allgemein

DGUV Regel 113-020 „Hydraulik-Schlauchleitungen und Hydraulik-Flüssigkeiten – Regeln für den sicheren Einsatz" [108] Pkt. 4.4

Ein wesentlicher Faktor zur Gewährleistung der Sicherheit der Beschäftigten beim Umgang mit

Maschinen und Hydraulikanlagen ist die Prüfung der verwendeten Hydraulik-Schlauchleitungen. Prüfungen sind erforderlich

- nach der Montage und vor der erstmaligen Benutzung der Hydraulik-Schlauchleitung,
- nach Unfällen, längeren Zeiträumen der Nichtbenutzung und besonderen beanspruchenden Ereignissen wie z. B. Kollisionen, Naturereignissen, Überhitzungen (außerordentliche Überprüfung),
- wiederkehrend in festgelegten regelmäßigen Abständen.

Der Arbeitgeber hat dafür zu sorgen, dass Art, Umfang und Fristen der Prüfungen für seine individuellen Einsatzbedingungen im Rahmen der Gefährdungsbeurteilung festgelegt werden. Die Vorgaben und Empfehlungen der Hersteller sind dabei zu beachten.

Die getroffenen Festlegungen zu Art, Umfang und Fristen (sowie auch den Auswechselintervallen), sind als Ergebnis der Gefährdungsbeurteilung schriftlich zu dokumentieren. Die Ergebnisse der Prüfungen sind – z.B. mit dem Prüfprotokoll der Maschine – aufzuzeichnen und mindestens bis zur nächsten Prüfung aufzubewahren.

Die genannten Prüfungen dürfen nur von zur Prüfung befähigten und vom Arbeitgeber beauftragten Personen durchgeführt werden.

Prüfung nach der Montage/vor der erstmaligen Benutzung und nach Instandsetzung oder prüfpflichtigen Änderungen

DGUV Regel 113-020 „Hydraulik-Schlauchleitungen und Hydraulik-Flüssigkeiten – Regeln für den sicheren Einsatz" [108] Pkt. 4.4.1

Bei der Prüfung nach der Montage und vor der erstmaligen Benutzung werden die Kriterien beurteilt, die im Zusammenhang mit der Montage der Hydraulik-Schlauchleitungen stehen und nur an der vollständig montierten Maschine beurteilt werden können.

Diese Prüfung vor der erstmaligen Benutzung muss Folgendes umfassen:

- die Kontrolle der vorschriftsmäßigen Montage und der sicheren Funktion der Hydraulik-Schlauchleitung
- die rechtzeitige Feststellung von Schäden
- die Feststellung, ob die getroffenen sicherheitstechnischen Maßnahmen wirksam sind

Einige Prüfpunkte können bereits bei einer Sichtprüfung im ausgeschalteten Zustand beurteilt werden. Eine Übersicht über den empfohlenen Prüfumfang für eine Sichtprüfung von Hydraulik-Schlauchleitungen enthält Tabelle 1 des Anhangs 1 der DGUV Regel 113-020 [108].

Weitere Prüfpunkte einer Prüfung von Hydraulik-Schlauchleitungen vor Inbetriebnahme erfordern eine Funktionsprüfung bei zugeschalteter Energie bzw. laufender Maschine. Eine Empfehlung zum Prüfumfang enthält Tabelle 2 in Anhang 1 der DGUV Regel 113-020 [108].

Auch nach Schadensereignissen oder Änderungen an der Maschine und in der hydraulischen Anlage (Steuerung und Ausrüstung), die schädigende Auswirkungen auf die Sicherheit haben könnten, ist vor erneuter Benutzung der Maschine (Wiederinbetriebnahme) eine Prüfung durch eine zur Prüfung befähigte Person durchzuführen. Ebenso nach größeren Instandsetzungsarbeiten, insbesondere wenn diese mit Neuverlegung von Hydraulik-Schlauchleitungen verbunden waren.

Prüfpflichtige Änderungen an Maschinen oder Hydraulikanlagen sollten erfasst und in die Dokumentation der Maschine aufgenommen werden, da diese Dokumentation bei den nachfolgenden Prüfungen (vor erneuter Benutzung und wiederkehrend) eine wesentliche Grundlage für die Beurteilung der Sicherheit des zu prüfenden Gegenstands bildet.

Wiederkehrende Prüfungen

DGUV Regel 113-020 „Hydraulik-Schlauchleitungen und Hydraulik-Flüssigkeiten – Regeln für den sicheren Einsatz" [108] Pkt. 4.4.2

Da Hydraulik-Schlauchleitungen im Betrieb Schäden verursachenden Einflüssen unterliegen, die zu gefährlichen Situationen führen können, müssen sie in festgelegten Zeitabständen wiederkehrend geprüft werden.

Wiederkehrende Prüfungen haben zum Ziel, Schäden rechtzeitig zu entdecken und zu beheben. Es soll sichergestellt werden, dass Maschinen in einem sicheren Zustand bleiben.

Eine detaillierte Übersicht über den empfohlenen Prüfumfang für wiederkehrende Prüfungen, der auch für außerordentliche Überprüfungen und Prüfungen nach Instandsetzungsarbeiten, die die Sicherheit des Arbeitsmittels beeinträchtigen können, zutreffend ist, enthält Tabelle 3 in Anhang 1 der DGUV Regel 113-020 [108].

Sofern bei der Prüfung der Hydraulik-Schlauchleitung Mängel festgestellt werden, die den sicheren Zustand des Arbeitsmittels beeinträchtigen, sind diese sofort zu beheben. Ist dies nicht möglich, sind geeignete Maßnahmen zu treffen, damit das Arbeitsmittel vor einer Instandsetzung nicht weiter benutzt werden kann.

Hydraulik-Schlauchleitungen mit Mängeln, die einen sicheren Weiterbetrieb nicht gewährleisten, müssen ausgetauscht werden.

Beschädigte Hydraulik-Schlauchleitungen dürfen nicht repariert oder aus alten, vorher bereits verwendeten, Teilen neu zusammengefügt werden!

Sofern mehrere Hydraulik-Schlauchleitungen gleichzeitig ausgetauscht werden, sind Vorkehrungen zu treffen, die eine Verwechslung der Anschlüsse bzw. des Einbauortes verhindern.

Prüffristen für die wiederkehrende Prüfungen

DGUV Regel 113-020 „Hydraulik-Schlauchleitungen und Hydraulik-Flüssigkeiten – Regeln für den sicheren Einsatz" [108] Pkt. 4.4.2.2

Die Festlegung von Fristen für die wiederkehrenden Prüfungen der Hydraulik-Schlauchleitungen muss im Rahmen der Gefährdungsbeurteilung erfolgen und zum Zeitpunkt der Inbetriebnahme bereits erfolgt sein. Dies ist eine Vorgabe aus der Betriebssicherheitsverordnung [4].

Die Zeitabstände zwischen wiederkehrenden Prüfungen sind so zu wählen, dass Abweichungen vom betriebssicheren Zustand eines Arbeitsmittels rechtzeitig erkannt und beseitigt werden können d. h. dass die Hydraulik-Schlauchleitung bis zur nächsten wiederkehrenden Prüfung sicher verwendet werden kann.

Die hier genannten Fristen für wiederkehrende Prüfungen sind Richt- und Erfahrungswerte. Aufgrund der Gefährdungsbeurteilung, besonderen betrieblichen Gegebenheiten oder nach den konkreten Vorgaben des Herstellers in der Betriebsanleitung der Maschine sind gegebenenfalls kürzere Prüffristen festzulegen. Es können auch längere Prüffristen festgelegt werden, sofern dies sicherheitstechnisch vertretbar und begründet ist. Die Festlegung der Prüffristen ist zu dokumentieren (als Ergebnis der Gefährdungsbeurteilung).

Haben sich die Voraussetzungen, die früher zur Festlegung der Prüffristen der Hydraulik-Schlauchleitungen geführt haben, so verändert, dass sie die Festlegung der Prüffristen und Auswechselintervalle beeinflussen, so sind Prüffristen und Auswechselintervalle zu überprüfen und gegebenenfalls neu festzulegen. Hierzu müssen vor allem auch Änderungen der Einsatzbedingungen und Umgebungsbedingungen beachtet werden, wie z. B.:

- Art des Produktes
- Taktzeiten

- Produktionsstückzahlen
- Hydraulikdrücke und -volumenströme und Temperaturen
- verwendete Hydraulik-Flüssigkeiten
- Geschwindigkeiten
- Anhaltezeiten der Gefahr bringenden Bewegungen
- bewegte/hochgehaltene Massen
- Zufuhr- und Entnahmeart von Werkstücken
- Ort der Aufstellung
- äußere Einflüsse wie Schwingung, Feuchtigkeit, Verschmutzung durch Öl, UV-Strahlung
- mechanische Einwirkungen
- Umgebungstemperatur
- Lage der Transportwege und Art der eingesetzten Transportmittel (Beschädigungsgefahren)
- Platz und Zugang für Betrieb und Instandhaltung
- Anordnung und Anbau von Zusatzeinrichtungen
- Wechselwirkung/ Verkettung mit anderen Maschinen

Einfluss auf die Prüffristen von Arbeitsmitteln oder deren sicherheitsrelevanten Komponenten, wie Hydraulik-Schlauchleitungen, können die in Tabelle 5 in Anhang 1 der DGUV Regel 113-020 [108] genannten Kriterien haben.

Diese Kriterien sollten auch bei der Festlegung von Fristen, die von den nachfolgend genannten Richtwerten abweichen, in die Betrachtung einbezogen werden.

Vorbehaltlich der betriebsspezifischen und maschinenbezogenen Festlegungen von Prüffristen durch den Betreiber der Arbeitsmittel und vorbehaltlich konkreter Vorgaben durch den Maschinenhersteller oder den Hersteller der Hydraulik-Schläuche bzw. Hydraulik-Schlauchleitungen werden folgende Prüffristen für Hydraulik-Schlauchleitungen empfohlen.

- Normale Anforderungen – alle 12 Monate
- Erhöhte Anforderungen, z. B. durch
  - erhöhte Einsatzzeiten, z.B. Mehrschichtbetrieb, oder kurze Taktzeiten der Maschine bzw. der Druckimpulse,
  - starke äußere und innere (durch das Medium) Einflüsse, die die Verwendungsdauer der Schlauchleitung stark reduzieren,
  - beabsichtigte verlängerte Verwendungsdauer (Auswechselintervalle),
  - hydraulische handgeführte Werkzeuge, z.B. mobile Scheren auf Schrottplätzen,

  alle 6 Monate

3.17 Kipp- und Absetzbehälter

Wiederkehrende Prüfung von Kipp- und Absetzbehältern	Prüfintervall	Anforderung an den Prüfer	Rechtsnorm
Prüfung auf betriebssicheren Zustand	einmal jährlich	Sachkundiger	DGUV Regel 114-010 [110]

Prüfintervall

DGUV Regel 114-010 „Austauschbare Kipp- und Absetzbehälter" [110] Pkt. 6

Der Unternehmer hat dafür zu sorgen, dass austauschbare Kipp- und Absetzbehälter vor der ersten Inbetriebnahme und nach Bedarf, mindestens jedoch einmal jährlich, durch einen Sachkundigen auf ihren betriebssicheren Zustand hin überprüft werden.

Dokumentation

Die Ergebnisse der Prüfung sind in ein Prüfbuch oder eine Prüfkartei einzutragen und mindestens bis zur nächsten Prüfung aufzubewahren.

Checklisten und Vorlagen

Checkliste wiederkehrende Prüfung von austauschbaren Kipp- und Absetzbehältern [111]

3.18 Klimaanlagen

Wiederkehrende Prüfungen Klimaanlagen	Prüfintervalle	Anforderungen an den Prüfer	Rechtsnormen
Dichtheitsprüfung Klimaanlagen mit CO_2-Äquivalent 5-50 t	mindestens alle 12 Monate	zertifizierte Person	Verordnung (EU) Nr. 517/2014 [112]
Dichtheitsprüfung Klimaanlagen mit CO_2-Äquivalent 50-500 t	mindestens alle 6 Monate	zertifizierte Person	
Dichtheitsprüfung Klimaanlagen mit CO_2-Äquivalent > 500 t	mindestens alle 3 Monate	zertifizierte Person	
Energetische Inspektion	alle 10 Jahre	fachkundige Person	EnEV [113]

Dichtheitskontrollen

Verordnung (EU) Nr. 517/2014 [112] Artikel 4

Die Betreiber von Einrichtungen, die fluorierte Treibhausgase in einer Menge von fünf Tonnen CO_2-Äquivalent oder mehr enthalten, die nicht Bestandteil von Schäumen sind, stellen sicher, dass die Einrichtung auf Undichtigkeiten kontrolliert wird.

Hermetisch geschlossene Einrichtungen, die fluorierte Treibhausgase in einer Menge von weniger als zehn Tonnen CO_2-Äquivalent enthalten, werden Dichtheitskontrollen gemäß Artikel 4 der Verordnung (EU) Nr. 517/2014 [112] nicht unterzogen, sofern diese Einrichtungen als hermetisch geschlossen gekennzeichnet sind.

Elektrische Schaltanlagen werden den Dichtheitskontrollen gemäß Artikel 4 nicht unterzogen, sofern sie eine der nachstehenden Bedingungen erfüllen:

- Sie weisen eine geprüfte Leckagerate von weniger als 0,1 % pro Jahr auf, die in den technischen Spezifikationen des Herstellers aufgeführt und als solche auf der Kennzeichnung angegeben ist.
- Sie sind mit einem Sensor zur Überwachung des Drucks oder der Gasdichte ausgestattet.
- Sie enthalten weniger als 6 kg fluorierter Treibhausgase.

Die Kontrollen werden von natürlichen Personen ausgeführt, die gemäß Artikel 10 der Verordnung (EU) Nr. 517/2014 [112] zertifiziert sind.

Für die Durchführung der Dichtheitskontrollen gelten die folgenden Abstände:

- Bei Einrichtungen, die fluorierte Treibhausgase in einer Menge von 5 Tonnen CO_2-Äquivalent oder mehr, aber weniger als 50 Tonnen CO_2-Äquivalent enthalten, mindestens alle

12 Monate, oder mindestens alle 24 Monate, wenn ein Leckage-Erkennungssystem installiert ist.
- Bei Einrichtungen, die fluorierte Treibhausgase in einer Menge von 50 Tonnen CO_2-Äquivalent oder mehr, aber weniger als 500 Tonnen CO_2-Äquivalent enthalten, mindestens alle 6 Monate, oder mindestens alle 12 Monate, wenn ein Leckage-Erkennungssystem installiert ist.
- Bei Einrichtungen, die fluorierte Treibhausgase in einer Menge von 500 Tonnen CO_2-Äquivalent oder mehr enthalten, mindestens einmal alle 3 Monate oder mindestens alle 6 Monate, wenn ein Leckage-Erkennungssystem installiert ist.

Energetische Inspektion von Klimaanlagen

Energieeinsparverordnung (EnEV) [113] § 12

Betreiber von in Gebäude eingebauten Klimaanlagen mit einer Nennleistung für den Kältebedarf von mehr als zwölf Kilowatt haben energetische Inspektionen dieser Anlagen durch berechtigte Personen durchführen zu lassen.

Die Inspektion ist

- erstmals im 10. Jahr nach der Inbetriebnahme oder der Erneuerung wesentlicher Bauteile wie Wärmeübertrager, Ventilator oder Kältemaschine durchzuführen;
- nach der erstmaligen Inspektion der Anlage wiederkehrend mindestens alle 10 Jahre durchzuführen.

Die Inspektion umfasst Maßnahmen zur Prüfung der Komponenten, die den Wirkungsgrad der Anlage beeinflussen, und der Anlagendimensionierung im Verhältnis zum Kühlbedarf des Gebäudes. Sie bezieht sich insbesondere auf

- die Überprüfung und Bewertung der Einflüsse, die für die Auslegung der Anlage verantwortlich sind, insbesondere Veränderungen der Raumnutzung und -belegung, der Nutzungszeiten, der inneren Wärmequellen sowie der relevanten bauphysikalischen Eigenschaften des Gebäudes und der vom Betreiber geforderten Sollwerte hinsichtlich Luftmengen, Temperatur, Feuchte, Betriebszeit sowie Toleranzen, und
- die Feststellung der Effizienz der wesentlichen Komponenten.

Inspektionen dürfen nur von fachkundigen Personen durchgeführt werden. Fachkundig sind insbesondere:

- Personen mit berufsqualifizierendem Hochschulabschluss oder Fachhochschulen in den Fachrichtungen Versorgungstechnik oder Technische Gebäudeausrüstung mit mindestens einem Jahr Berufserfahrung in Planung, Bau, Betrieb oder Prüfung raumlufttechnischer Anlagen,
- Personen mit berufsqualifizierendem Hochschulabschluss oder Fachhochschulen in
  - den Fachrichtungen Maschinenbau, Elektrotechnik, Verfahrenstechnik, Bauingenieurwesen oder
  - einer anderen technischen Fachrichtung mit einem Ausbildungsschwerpunkt bei der Versorgungstechnik oder der Technischen Gebäudeausrüstung mit mindestens drei Jahren Berufserfahrung in Planung, Bau, Betrieb oder Prüfung raumlufttechnischer Anlagen.

Gleichwertige Ausbildungen, die in einem anderen Mitgliedstaat der Europäischen Union, einem anderen Vertragsstaat des Abkommens über den Europäischen Wirtschaftsraum oder der Schweiz erworben worden sind und durch einen Ausbildungsnachweis belegt werden können, sind den genannten Ausbildungen gleichgestellt.

Die inspizierende Person hat einen Inspektionsbericht mit den Ergebnissen der Inspektion und Ratschlägen in Form von kurz gefassten fachlichen Hinweisen für Maßnahmen zur kosteneffizienten Verbesserung der energetischen Eigenschaften der Anlage, für deren Austausch oder für Alternativlösungen zu erstellen. Die inspizierende Person hat den Inspektionsbericht unter Angabe

- ihres Namens,
- ihrer Anschrift und Berufsbezeichnung sowie
- des Datums der Inspektion und des Ausstellungsdatums

eigenhändig oder durch Nachbildung der Unterschrift zu unterschreiben und dem Betreiber zu übergeben.

Vor Übergabe des Inspektionsberichts an den Betreiber hat die inspizierende Person die zugeteilte Registriernummer einzutragen. Hat bei elektronischer Antragstellung die zuständige Registrierstelle bis zum Ablauf von drei Arbeitstagen nach Antragstellung und in sonstigen Fällen der Antragstellung bis zum Ablauf von sieben Arbeitstagen nach Antragstellung keine Registriernummer zugeteilt, sind statt der Registriernummer die Wörter „Registriernummer wurde beantragt am" und das Datum der Antragstellung bei der Registrierstelle einzutragen (vorläufiger Inspektionsbericht). Unverzüglich nach Erhalt der Registriernummer hat die inspizierende Person dem Betreiber eine Ausfertigung des Inspektionsberichts mit der eingetragenen Registriernummer zu übermitteln. Nach Zugang des vervollständigten Inspektionsberichts beim Betreiber verliert der vorläufige Inspektionsbericht seine Gültigkeit.

Der Betreiber hat den Inspektionsbericht der nach Landesrecht zuständigen Behörde auf Verlangen vorzulegen.

Checklisten und Vorlagen

Checkliste energetische Inspektion von Klimaanlagen [114]

3.19 Körper- und Augennotduschen

Wiederkehrende Prüfung Körper- und Augennotduschen	Prüfintervall	Anforderung an den Prüfer	Rechtsnormen
Prüfung auf Funktionsfähigkeit	mindestens einmal monatlich	befähigte Person	TRGS 526 [115], DGUV Information 213-850 [112]

Prüfungen

TRGS 526 „Laboratorien" [115] Pkt. 7

Die Gefahrstoffverordnung (GefStoffV) [20] fordert, dass der Arbeitgeber die Funktion und die Wirksamkeit technischer Schutzmaßnahmen regelmäßig, mindestens jedoch jedes dritte Jahr zu überprüfen hat. Aufgrund einer Gefährdungsbeurteilung sind Art und Umfang der Prüfung sowie Prüffristen eigenverantwortlich vom Arbeitgeber festzulegen und zu dokumentieren. Außerdem ist sicherzustellen, dass die Prüfungen nur durch fachlich dazu geeignete, benannte Personen durchgeführt und in geeigneter Weise dokumentiert werden. Für die in Laboratorien verwendeten Arbeitsmittel gelten zudem die Bestimmungen der Betriebssicherheitsverordnung (BetrSichV) [4]. Weitere Prüfverpflichtungen können sich aus anderen Rechtsbereichen ergeben, insbesondere bezüglich der Prüfungen elektrischer Betriebsmittel.

Monatliche Prüfung Notduschen

TRGS 526 „Laboratorien" [115] Pkt. 7.2

Der Arbeitgeber hat dafür zu sorgen, dass Körper- und Augennotduschen mindestens einmal monatlich durch eine von ihm beauftragte Person auf Funktionsfähigkeit geprüft werden.

DGUV Information 213-850 „Sicheres Arbeiten in Laboratorien" [116] Pkt. 7.2

Zudem müssen bei der Prüfung gemäß der DGUV Information 213-850 [116] neben dem Volumenstrom das Bild der Wasserverteilung des Kopfes und die Qualität des Wassers durch Inaugenscheinnahme ergänzend beurteilt werden. Anderenfalls ist nicht gewährleistet, dass das Betätigungsventil leichtgängig bleibt und der Duschkopf durchgängig ist. Durch häufigen Wasserwechsel lassen sich darüber hinaus Verunreinigungen und Verkeimungen der Wasserleitung vermeiden. Außerdem wird empfohlen, Augennotduschen häufiger zu betätigen.

3.20 Kraftbetriebene Türen und Tore

Wiederkehrende Prüfung kraftbetriebener Türen und Tore	Prüfintervall	Anforderung an den Prüfer	Rechtsnorm
Sicherheitstechnische Prüfung	mindestens einmal jährlich	Sachkundiger	ASR A1.7 [122]

Instandhaltung

ASR A1.7 „Türen und Tore" [122] Pkt. 10.1

Vor Instandhaltungsarbeiten müssen Flügel gegen unbeabsichtigte Bewegung gesichert werden.

Vor Instandhaltungsarbeiten muss der Antrieb der Türen und Tore abgeschaltet und gegen irrtümliches und unbefugtes Einschalten gesichert werden. Hiervon ausgenommen bleibt der Probelauf (Funktionsprüfung).

Der Kraftaufwand für das Öffnen oder Schließen von Hand sollte für Türen 220 N und für Tore 260 N nicht überschreiten. Für kraftbetätigte Tore darf in begründeten Fällen der maximale Kraftaufwand um fünfzig Prozent überschritten werden.

Rahmenlose Glastüren und Glasschiebeelemente sind regelmäßig auf Beschädigungen des Glases, insbesondere auf Kantenverletzungen und auf den festen Sitz der Beschläge bzw. Türbänder hin zu prüfen, um Glasbruch vorzubeugen.

Die Instandsetzung von Türen und Toren darf nur durch Personen durchgeführt werden, die mit den jeweiligen Instandsetzungsarbeiten vertraut sind.

Sicherheitstechnische Prüfung

ASR A1.7 „Türen und Tore" [122] Pkt. 10.2

Kraftbetätigte Türen und Tore müssen nach den Vorgaben des Herstellers vor der ersten Inbetriebnahme, nach wesentlichen Änderungen und wiederkehrend sachgerecht auf ihren sicheren Zustand hin geprüft werden. Die wiederkehrende Prüfung sollte mindestens einmal jährlich erfolgen. Die Ergebnisse der sicherheitstechnischen Prüfung sind aufzuzeichnen und in der Arbeitsstätte aufzubewahren.

Die sicherheitstechnische Prüfung von kraftbetätigten Türen und Toren darf nur durch Sachkundige durchgeführt werden, die die Funktionstüchtigkeit der Schutzeinrichtungen beurteilen und mit geeigneter Messtechnik, die z. B. den zeitlichen Kraftverlauf an Schließkanten nachweist, überprüfen können.

Des Weiteren sind die länderspezifischen baurechtlichen Bestimmungen (z. B. Technische Prüfverordnung) zu beachten.

Brandschutztüren und -tore sind nach der allgemeinen bauaufsichtlichen Zulassung bzw. dem Prüfzeugnis regelmäßig zu prüfen, damit sie im Notfall einwandfrei schließen (z. B. Feststellanlagen einmal monatlich durch den Betreiber und einmal jährlich durch den Sachkundigen).

Die sicherheitstechnische Prüfung schließt die Überprüfung des Vorhandenseins einer vollständigen technischen Dokumentation und der Betriebsanleitung ein.

Checklisten und Vorlagen

- Checkliste für kraftbetätigte Schiebetore und Falttore [88]
- Checkliste wiederkehrende Prüfung kraftbetriebener Rolltore und Rollgitter [89]
- Checkliste wiederkehrende Prüfung von kraftbetätigten Sektionaltoren und Hubtoren [90]

3.21 Krane

Wiederkehrende Prüfungen Krane	Prüfintervalle	Anforderungen an den Prüfer	Rechtsnorm
Sachkundigenprüfung	einmal jährlich	Sachkundiger	DGUV Vorschrift 52 [123]
Sachverständigenprüfung	alle 4 Jahre	Sachverständiger	

Prüfung vor der ersten Inbetriebnahme und nach wesentlichen Änderungen

DGUV Vorschrift 52 „Krane" [123] § 25

Der Unternehmer hat dafür zu sorgen, dass kraftbetriebene Krane vor der ersten Inbetriebnahme und nach wesentlichen Änderungen vor der Wiederinbetriebnahme durch einen Sachverständigen geprüft werden. Dies gilt auch für handbetriebene oder teilkraftbetriebene Krane mit einer Tragfähigkeit von mehr als 1000 kg und für teilkraftbetriebene Turmdrehkrane.

Die Prüfung vor der ersten Inbetriebnahme erstreckt sich auf die ordnungsgemäße Aufstellung, Ausrüstung und Betriebsbereitschaft.

Für Krane im Anwendungsbereich der Maschinenverordnung (9. ProdSV) [124] und der Betriebssicherheitsverordnung (BetrSichV) [4] – die Arbeitsmittelbenutzungsverordnung wurde 2002 durch die BetrSichV abgelöst – besteht die Prüfung vor der ersten Inbetriebnahme aus Vor-, Bau- und Abnahmeprüfung.

Die Prüfung vor der ersten Inbetriebnahme ist nicht erforderlich für Krane, die betriebsbereit angeliefert werden und für die der Nachweis einer Typprüfung (Baumusterprüfung) oder die EG-Konformitätserklärung vorliegt.

Wiederkehrende Prüfungen

DGUV Vorschrift 52 „Krane" [123] § 26

Der Unternehmer hat dafür zu sorgen, dass Krane entsprechend den Einsatzbedingungen und den betrieblichen Verhältnissen nach

Bedarf, jährlich jedoch mindestens einmal, durch einen Sachkundigen geprüft werden. Dabei sind die Prüfhinweise der Hersteller in den Betriebsanleitungen zu beachten.

Der Unternehmer hat dafür zu sorgen, dass Turmdrehkrane zusätzlich bei jeder Aufstellung und nach jedem Umrüsten durch einen Sachkundigen geprüft werden.

Der Unternehmer hat dafür zu sorgen, dass

- kraftbetriebene Turmdrehkrane,
- kraftbetriebene Fahrzeugkrane,
- ortsveränderliche kraftbetriebene Derrickkrane und
- Lkw-Anbaukrane

mindestens alle vier Jahre durch einen Sachverständigen geprüft werden. Diese Sachverständigenprüfung ersetzt die vorgenannte Sachkundigenprüfung.

Der Unternehmer hat dafür zu sorgen, dass hierzu zusätzlich

- kraftbetriebene Turmdrehkrane im 14. und 16. Betriebsjahr und danach jährlich,
- kraftbetriebene Fahrzeugkrane im 13. Betriebsjahr und danach jährlich

durch einen Sachverständigen geprüft werden (Ausnahme: Gilt nicht für Lkw-Ladekrane!). Diese Sachverständigenprüfung ersetzt ebenfalls die oben genannte Sachkundigenprüfung.

Prüfbuch

DGUV Vorschrift 52 „Krane" [123] § 27

Der Unternehmer hat dafür zu sorgen, dass die Ergebnisse der Prüfungen nach §§ 25 und 26 der DGUV Vorschrift 52 [123] in ein Prüfbuch eingetragen werden.

Der Unternehmer hat die Kenntnisnahme und die Abstellung festgestellter Mängel im Prüfbuch zu bestätigen. Er hat dafür zu sorgen, dass diese Mängel behoben werden. Bestehen nach Art und Umfang der Mängel gegen die Inbetriebnahme, die Wiederinbetriebnahme oder den Weiterbetrieb Bedenken, hat er dafür zu sorgen, dass der Kran außer Betrieb gesetzt wird. Er darf den Kran erst in Betrieb nehmen bzw. weiter betreiben, wenn die Mängel behoben und evtl. erforderliche Nachprüfungen, die er zu veranlassen hat, durchgeführt sind.

Der Unternehmer hat das Prüfbuch auf Verlangen dem technischen Aufsichtsbeamten vorzulegen. Bei ortsveränderlichen Kranen hat er dafür zu sorgen, dass eine Kopie des letzten Prüfberichts des Sachkundigen und des Sachverständigen beim Kran aufbewahrt wird.

Der Unternehmer hat den mit der wiederkehrenden Prüfung von Turmdrehkranen nach § 26 Absätze 2 und 3 beauftragen Sachverständigen zu veranlassen, den Prüfbericht unverzüglich an die für den Unternehmer zuständige Berufsgenossenschaft zu übersenden.

Sachverständige

DGUV Vorschrift 52 „Krane" [123] § 28

Als Sachverständige für die Prüfung von Kranen gelten neben den Sachverständigen der technischen Überwachung nur die von der Berufsgenossenschaft ermächtigten Sachverständigen.

Checklisten und Vorlagen

- Checkliste wiederkehrende Prüfung an Brücken- und Portalkranen [125]
- Checkliste wiederkehrende Prüfung an Fahrzeugkranen [126]
- Checkliste wiederkehrende Prüfung an Lkw-Ladekranen [127]
- Checkliste wiederkehrende Prüfung an Turmdrehkranen [128]

3.22 Laborabzüge

Wiederkehrende Prüfung Laborabzüge	Prüfintervall	Anforderung an den Prüfer	Rechtsnormen
Wartung und Prüfung auf Funktionsfähigkeit	mindestens einmal jährlich	befähigte Person	TRGS 526 [115], DGUV Information 213-850 [116]

Jährliche Prüfung

TRGS 526 „Laboratorien" [115] Pkt. 7.3, DGUV Information 213-850 „Sicheres Arbeiten in Laboratorien" [116] Pkt. 7.3

Abzüge müssen regelmäßig gewartet und ihre Funktionsfähigkeit geprüft und dokumentiert werden. Die Prüfung muss mindestens einmal jährlich durch eine befähigte Person durchgeführt werden. Die jährliche Prüfung der lufttechnischen Funktion kann entfallen, wenn durch eine selbstüberwachende Funktionskontrolle des einzelnen Abzugs sichergestellt ist, dass eine Unterschreitung des Mindestvolumenstroms optisch und akustisch angezeigt wird. Die Prüfung der Dauerüberwachungseinrichtung ist in Abständen von nicht mehr als drei Jahren vorzunehmen.

Fachkunde und Befähigung

DGUV Information 213-850 „Sicheres Arbeiten in Laboratorien" [116] Pkt. 7.3

Fachkundig für die Prüfung nach § 7 Absatz 7 Gefahrstoffverordnung (GefStoffV) [20] ist, wer aufgrund seiner fachlichen Ausbildung oder Erfahrung ausreichende Kenntnisse auf dem Gebiet der Abzugsprüfung hat und mit den einschlägigen staatlichen Arbeitsschutzvorschriften, DGUV Vorschriften, Richtlinien und allgemein anerkannten Regeln der Technik (z. B. DIN-Normen, VDE-Bestimmungen, technischen Regeln anderer Mitgliedstaaten der Europäischen Union oder anderer Vertragsstaaten des Abkommens über den Europäischen Wirtschaftsraum) soweit vertraut ist, dass er den arbeitssicheren Zustand von Abzügen beurteilen kann.

Anforderungen an die Dauerüberwachung

DGUV Information 213-850 „Sicheres Arbeiten in Laboratorien" [116] Pkt. 7.3

Eine verwendete technische Einrichtung zur Dauerüberwachung signalisiert beispielsweise bei Verschmutzung, Korrosion, Belastung durch Chemikalien, Alterung oder bei Fehlern in der Elektronik die Nichtverfügbarkeit der Überwachung durch Störungsmeldung optisch und akustisch. Die derzeit am Markt befindlichen Geräte erfüllen diese Forderungen in der Regel nicht. Ggf. kann nach Umbaumaßnahmen der lufttechnischen Anlage (z. B. bei Beeinflussung der Volumenströme) eine erneute Prüfung erforderlich sein.

Umfang der Prüfung

DGUV Information 213-850 „Sicheres Arbeiten in Laboratorien" [116] Pkt. 7.3

Die regelmäßige Prüfung umfasst

- die allgemeine Sichtkontrolle des sicherheitstechnischen Zustands des Abzugs,
- die Kontrolle der Frontschiebermechanik auf Leichtgängigkeit, Verkantungen und Geräusche (ggf. sind je nach Einsatzbedingungen auch Aufhängevorrichtungen und Gewichte auf Schäden zu überprüfen) und
- die Prüfung der lufttechnischen Funktion anhand der Herstellerangaben – für Abzüge,

die vor dem 1. Oktober 1993 in Betrieb genommen worden sind, gelten ersatzweise die folgenden Festlegungen:

- Tischabzüge (Höhe der Arbeitsfläche 900 mm) benötigen 400 m³/h Luft-Volumenstrom pro laufendem Meter Frontlänge.
- Tiefabzüge (Höhe der Arbeitsfläche 500 mm) benötigen 600 m³/h Luft-Volumenstrom pro laufendem Meter Frontlänge.
- Begehbare Abzüge (Höhe der Arbeitsfläche 0 mm) benötigen 700 m³/h Luft-Volumenstrom pro laufendem Meter Frontlänge.
- Aufschlussabzüge (Höhe der Arbeitsfläche 900 mm) benötigen 700 m³/h Luft-Volumenstrom pro laufendem Meter Frontlänge.

Die regelmäßige Prüfung der lufttechnischen Funktion kann als Differenzdruck- oder Geschwindigkeitsmessung im Lüftungsstutzen oberhalb des Abzuges oder an der Frontschieberöffnung erfolgen. Die Geschwindigkeitsmessung kann durch Ermittlung der mittleren Einströmgeschwindigkeit bei 100 mm hoch geöffnetem Frontschieber erfolgen. Geeignete Messgeräte sind z. B. thermische oder Flügelradanemometer.

Die Prüfung der lufttechnischen Funktion von Abzügen mit Einbaudatum vor dem 1. Oktober 1993, die nach DIN 12924-1 „Laboreinrichtungen; Abzüge; Abzüge für allgemeinen Gebrauch, Arten, Hauptmaße, Anforderungen und Prüfungen" von August 1991 (zurückgezogen, jetzt: DIN EN 14175, Teil 1–3) oder DIN 12924-2 „Laboreinrichtungen; Abzüge; Abzüge für offene Aufschlüsse bei hohen Temperaturen; Hauptmaße, Anforderungen und Prüfungen" von Januar 1994 (zurückgezogen, jetzt: DIN EN 14175-7) gefertigt wurden, erfolgt anhand der Herstellerangaben.

3.23 Ladebrücken und fahrbare Rampen

Wiederkehrende Prüfung Ladebrücken und fahrbare Rampen	Prüfintervall	Anforderung an den Prüfer	Rechtsnorm
Prüfung auf sicheren Zustand	mindestens einmal jährlich	Sachkundiger	DGUV Regel 108-006 [129]

Prüfung

DGUV Regel 108-006 „Ladebrücken und fahrbare Rampen" [129] Pkt. 6

Ladebrücken, die fest mit dem Gebäude verbunden sind, und fahrbare Rampen müssen vor der ersten Inbetriebnahme und nach Bedarf, mindestens jedoch einmal jährlich, von einem Sachkundigen auf ihren sicheren Zustand hin geprüft werden.

Sachkundiger ist, wer aufgrund seiner fachlichen Ausbildung und Erfahrung ausreichende Kenntnisse auf dem Gebiet der Ladebrücken und fahrbaren Rampen hat und mit den einschlägigen staatlichen Arbeitsschutzvorschriften, berufsgenossenschaftlichen Vorschriften und allgemein anerkannten Regeln der Technik (z. B. DIN-Normen, VDE-Bestimmungen, Technische Regeln anderer Mitgliedstaaten der Europäischen Union oder anderer Vertragsstaaten des Abkommens über den Europäischen Wirtschaftsraum) soweit vertraut ist, dass er den arbeitssicheren Zustand von Ladebrücken und fahrbaren Rampen beurteilen kann.

Für die Durchführung der Prüfung durch den Sachkundigen können z. B. Betriebsingenieure, Betriebsmeister oder Kundendienstmonteure der Hersteller herangezogen werden.

Über die Durchführung der Prüfung ist Nachweis zu führen.

Checklisten und Vorlagen

Checkliste wiederkehrende Prüfung von Ladebrücken [131]

3.24 Ladeeinrichtungen für Fahrzeugbatterien

Inspektion und Prüfungen

DGUV Information 209-067 „Ladeeinrichtungen für Fahrzeugbatterien" [131] Pkt. 8

Um die Betriebssicherheit von Batterien sicherzustellen, sind regelmäßige Überprüfungen erforderlich. Alle Anzeichen von Schäden sind festzuhalten und die Batterien entsprechend instand zu setzen, insbesondere bei Elektrolytaustritt und Isolationsfehlern.

Eine Inspektion und Überwachung kann in den regelmäßigen Wartungszyklus eingegliedert werden, z. B. beim Wassernachfüllen. Sie muss in Übereinstimmung mit den Angaben des Herstellers erfolgen.

Checklisten und Vorlagen

Checkliste zum sicheren Betreiben einer Batterieladeanlage [132]

3.25 Lagereinrichtungen

Wiederkehrende Prüfung von Lagereinrichtungen	Prüfintervall	Anforderung an den Prüfer	Rechtsnormen
Wartung und Prüfung auf Funktionsfähigkeit	mindestens einmal jährlich	befähigte Person	TRGS 510 [131], DGUV Information 213-850 [116]

Prüfung Lagereinrichtungen

TRGS 510 „Lagerung von Gefahrstoffen in ortsbeweglichen Behältern" [128]. Pkt. 4.3.9

Alle Lagereinrichtungen müssen erstmalig und anschließend regelmäßig in angemessenen Abständen auf ihre ausreichende Funktion, Zuverlässigkeit und Wirksamkeit hin überprüft werden. Zu prüfende Einrichtungen sind u. a.:

- Lagereinrichtungen für Gefahrstoffe, z. B. Einhaltung von Fach- und Feldlasten von Regalen mit Gefahrstoffgebinden oder die Unversehrtheit von Regalteilen
- Auffangeinrichtungen, z. B. Dichtigkeit und Belegung von Tassen und Wannen
- Entsorgungseinrichtungen, z. B. Dichtheit und Korrosionsfreiheit von Lösemittelabfallcontainern
- Lüftungseinrichtungen, z. B. Unversehrtheit von Lüftungskanälen und Erfassungseinrichtungen
- Augen- und Körperduschen (siehe Seite 78)

Das Ergebnis der Prüfungen ist in geeigneter Form zu dokumentieren. Prüfungen nach anderen Rechtsbereichen, wie z. B. Bauordnungen der Länder, Arbeitsstättenverordnung (ArbStättV) [140] oder Betriebssicherheitsverordnung BetrSichV [4], bleiben unberührt bestehen. Überprüfungen können ggf. auf diese Prüfergebnisse gestützt werden.

Ergänzend können sich folgende Kontrollen bzw. Verfahren anbieten:

- arbeitstägliche Funktionskontrollen, u. a. in Form von
  - Sichtkontrollen, z. B. hinsichtlich des unbeschadeten Zustands von Öffnungen zur

Be- und Entlüftung, persönliche Schutzausrüstungen etc.
- Hörkontrollen, z. B. hinsichtlich der bekannten Lärmquellen von technischen Arbeitsmitteln und Maschinen im fehlerfreien Funktionszustand
- arbeitsorganisatorische Festlegungen zur regelmäßigen Durchführung von Funktionsüberprüfungen
- Checklisten zur vollständigen, z. B. täglichen, wöchentlichen oder monatlichen, visuellen Überprüfung der Schutzmaßnahmen

3.25.1 Sicherheitsschränke für brennbare Flüssigkeiten

Wiederkehrende Prüfung von Sicherheitsschränken	Prüfintervall	Anforderung an den Prüfer	Rechtsnorm
Wartung und Prüfung auf Funktionsfähigkeit	mindestens einmal jährlich	befähigte Person	DGUV Information 213-850 [116]

Jährliche Prüfung

DGUV Information 213-850 „Sicheres Arbeiten in Laboratorien" [116] Pkt. 7.4

Sicherheitsschränke für brennbare Flüssigkeiten sind regelmäßig durch eine befähigte Person zu prüfen. Dabei sind insbesondere die Schließeinrichtungen für Türen und Anschlüsse, die Dichtungen und der Luftwechsel zu berücksichtigen.

Es wird empfohlen, die Prüfungen im Abstand von nicht mehr als einem Jahr vorzunehmen (siehe DIN EN 14470-1 [117] „Feuerwiderstandsfähige Lagerschränke; Teil 1: Sicherheitsschränke für brennbare Flüssigkeiten").

Massiv mechanisch belastete Sicherheitsschränke (Auflasten, Überbauung) können die Widerstandsfähigkeit im Brandfall ungünstig verändern.

3.25.2 Regale (nicht kraftbetrieben)

Wiederkehrende Prüfungen von Regalen	Prüfintervalle	Anforderungen an den Prüfer	Rechtsnormen
Experteninspektion	alle 12 Monate	fachkundige Person	DGUV Information 208-043 [118], DIN EN 15635 [119]
Inspektionen oder Sichtkontrollen	in kürzeren Abständen (z. B. wöchentlich)	fachkundige Person	

Wiederkehrende Prüfungen

DIN EN 15635 „Ortsfeste Regalsysteme aus Stahl – Anwendung und Wartung von Lagereinrichtungen" [119]; DGUV Information 208-043 „Sicherheit von Regalen" [118] Pkt. 2

Die DGUV Information 208-043 [118] weist unter Bezugnahme auf die DIN EN 15635 [119] auf die große Verantwortung des Betreibers hin, die Regale in einem ordnungsgemäßen Zustand zu halten. Die Regale sind regelmäßig auf Sicherheit und speziell auf etwaige entstandene Beschädigungen hin zu kontrollieren. Reparaturen sind in wirksamer Weise zeitnah unter Beachtung der ständigen Sicherheit des betroffenen Regals zu erledigen.

Alle Regale sind systematisch und regelmäßig zu inspizieren, wobei dies üblicherweise von der Regalaufstellfläche aus durchgeführt wird. Im unteren Bereich der Regale ist mit den meisten Beschädigungen zu rechnen.

Wenn Grund zu der Annahme besteht, dass auch in höheren Bereichen Beschädigungen zu finden sind, so muss intensiver geprüft werden. Die Norm unterscheidet zwischen einer „Experteninspektion", die mindestens alle zwölf Monate durch eine fachkundige Person durchzuführen ist, und anderen Inspektionen oder Sichtkontrollen, die in kürzeren Zeitabständen durchzuführen sind (wöchentlich oder in Abständen, die auf der Grundlage einer Risikoanalyse durch den Lagerverantwortlichen festzulegen sind).

Um Missverständnisse zu vermeiden, werden die wiederkehrenden Prüfungen wie folgt definiert:

- „Regelmäßige Prüfung durch eine befähigte Person" entspricht der Experteninspektion durch eine fachkundige Person.
- „Interne Prüfung durch eine befähigte Person" entspricht den Inspektionen oder Sichtkontrollen, die in kürzeren Zeitabständen durchzuführen sind.

Inhaltlich unterscheiden sich die Prüfungen grundsätzlich nicht. Allerdings kann bei der internen Prüfung der Prüfumfang beispielsweise auf die Teile des Regals beschränkt werden, bei denen Schäden bzw. Mängel zu erwarten sind. Hierzu sind Vorgaben durch den Lagerverantwortlichen zu machen.

Anforderungen an die befähigte Person für die regelmäßige Prüfung

DGUV Information 208-043 „Sicherheit von Regalen" [118] Pkt. 3

Die regelmäßigen Prüfungen sind durch eine befähigte Person durchzuführen. In der technischen Regel für Betriebssicherheit TRBS 1203 [6] wird gefordert, dass die befähigte Person über Fachkenntnisse verfügen muss. Diese Fachkenntnisse muss sie durch eine abgeschlossene Berufsausbildung, durch Berufserfahrung sowie durch eine zeitnahe berufliche Tätigkeit im Umfeld der anstehenden Prüfung des Prüfgegenstands und eine angemessene Weiterbildung erworben haben. Ebenso darf die befähigte Person bei ihrer Prüftätigkeit keinen fachlichen Weisungen unterliegen und darf wegen dieser nicht benachteiligt werden.

Diese Anforderungen erfüllen zum Beispiel qualifizierte und erfahrene Monteure der Hersteller und Wartungsfirmen sowie entsprechend qualifiziertes Personal des Betreibers.

Anforderungen an die befähigte Person für die interne Prüfung

DGUV Information 208-043 „Sicherheit von Regalen" [118] Pkt. 4

Die internen Prüfungen werden in aller Regel durch betriebszugehöriges Personal durchgeführt. Auch sie müssen – entsprechend ihrer Prüfaufgabe – den Anforderungen an eine befähigte Person genügen. So ist es für die interne Prüfung z. B. nicht erforderlich, zu kontrollieren, ob das Regal nach Montageanleitung aufgebaut ist, wenn die Regalgeometrie (Fachhöhen, Spannweiten) nie verändert wird.

Es liegt in der Verantwortung des Unternehmers, eine geeignete Person auszuwählen, die die regelmäßige bzw. die interne Prüfung der Regale vornimmt.

Dokumentation

DGUV Information 208-043 „Sicherheit von Regalen" [118] Pkt. 6

Die durchgeführten Prüfungen sind ebenso wie die festgestellten Mängel und deren Beseitigung entsprechend § 11 BetrSichV [4] zu dokumentieren (schriftlicher Nachweis). Dies kann beispielsweise mit Hilfe einer Tabelle erfolgen, in der die festgestellten Schäden und die erforderlichen Maßnahmen festgehalten werden. Die Dokumentation ist mindestens bis zur nächsten regelmäßigen Prüfung aufzubewahren. Sind an dem Regal Reparaturen durchzuführen, ist es zweckmäßig, die Dokumentation über die gesamte Lebensdauer des Regals aufzubewahren, um zu jedem Zeitpunkt feststellen zu können, von wem und in welchem Umfang die Reparaturarbeiten durchgeführt wurden.

Checklisten und Vorlagen

Checkliste wiederkehrende Prüfung von Regalen [121]

3.25.3 Kraftbetriebene Regale

Wiederkehrende Prüfung kraftbetriebener Regale	Prüfintervall	Anforderung an den Prüfer	Rechtsnorm
Prüfung auf sicheren Zustand	mindestens einmal jährlich	Sachkundiger	DGUV Regel 108-007 [120]

Prüfung

DGUV Regel 108-007 „Lagereinrichtungen und -geräte" [120] Pkt. 6

Der Unternehmer hat dafür zu sorgen, dass kraftbetriebene Regale und Schränke sowie Regale und Schränke mit kraftbetriebenen Inneneinrichtungen nach Bedarf, mindestens jedoch einmal jährlich, von einem Sachkundigen auf ihren sicheren Zustand hin geprüft werden. Über das Prüfergebnis sind Aufzeichnungen zu führen.

Sachkundiger ist, wer aufgrund seiner fachlichen Ausbildung und Erfahrung ausreichende Kenntnisse über das jeweilige Arbeitsmittel besitzt und mit den einschlägigen staatlichen Arbeitsschutzvorschriften, Unfallverhütungsvorschriften und allgemein anerkannten Regeln der Technik (z. B. BG-Regeln, DIN-Normen, VDE-Bestimmungen, Technische Regeln anderer Mitgliedstaaten der Europäischen Union oder der Türkei oder anderer Vertragsstaaten des Abkommens über den Europäischen Wirtschaftsraum) soweit vertraut ist, dass er den arbeitssicheren Zustand des Arbeitsmittels beurteilen kann.

Diese Anforderungen erfüllen z. B. die einschlägig ausgebildeten und erfahrenen Monteure der Hersteller und Wartungsfirmen sowie entsprechend ausgebildetes betriebszugehöriges Personal.

3.26 Laser

Instandhaltung von Lasereinrichtungen

DGUV Vorschrift 11 „Laserstrahlung" [135] § 9

Ändert sich während der Instandhaltung die Klasse von Lasereinrichtungen, so hat der Unternehmer dafür zu sorgen, dass die Bestimmungen für die höhere Klasse eingehalten werden.

Fachkundige Person, Laserschutzbeauftragte

OStrV [136] § 5

Der Arbeitgeber hat sicherzustellen, dass die Gefährdungsbeurteilung, die Messungen und die Berechnungen nur von fachkundigen Personen durchgeführt werden. Verfügt der Arbeitgeber nicht selbst über die entsprechenden Kenntnisse, hat er sich fachkundig beraten zu lassen.

Vor der Aufnahme des Betriebs von Lasereinrichtungen der Klassen 3R, 3B und 4 hat der Arbeitgeber, sofern er nicht selbst über die erforderlichen Fachkenntnisse verfügt, einen Laserschutzbeauftragten schriftlich zu bestellen. Der Laserschutzbeauftragte muss über die für seine Aufgaben erforderlichen Fachkenntnisse verfügen. Die fachliche Qualifikation ist durch die erfolgreiche Teilnahme an einem Lehrgang nachzuweisen und durch Fortbildungen auf aktuellem Stand zu halten.

3.27 Leitern und Tritte

Wiederkehrende Prüfung von Leitern und Tritte	Prüfintervall	Anforderung an den Prüfer	Rechtsnorm
Sicht- und Funktionsprüfung	abhängig von den Betriebsverhältnissen	zur Prüfung Beauftragte: Ermittlung notwendiger Voraussetzungen gemäß § 3 Absatz 3 der BetrSichV [4]	DGUV Information 208-016 [137]

Prüfung und Instandhaltung

DGUV Information 208-016 „Handlungsanleitung für den Umgang mit Leitern und Tritten" [137] Pkt. 6

Der Unternehmer hat dafür zu sorgen, dass Leitern und Tritte wiederkehrend auf ihren ordnungsgemäßen Zustand hin geprüft werden (Sicht- und Funktionsprüfung). Hierzu sind Art, Umfang und Fristen erforderlicher Prüfungen festzulegen.

Die Zeitabstände für die Prüfung richten sich nach den Betriebsverhältnissen, insbesondere nach der Nutzungshäufigkeit, der Beanspruchung bei der Benutzung sowie der Häufigkeit und Schwere festgestellter Mängel bei vorangegangenen Prüfungen.

Der Unternehmer hat ferner gemäß § 3 Absatz 3 der Betriebssicherheitsverordnung (BetrSichV) [4] die notwendigen Voraussetzungen zu ermitteln und festzulegen, die von der Person erfüllt werden müssen, die von ihm mit der Prüfung von Leitern zu beauftragen ist.

Die systematische Überprüfung von Leitern und Tritten lässt sich z. B. mit Hilfe einer Checkliste durchführen.

Um die Erfassung und Prüfung aller Leitern und Tritte sicherzustellen, empfiehlt es sich, diese zu nummerieren und die Checklisten zu einem Kontrollbuch zusammenzufassen.

Bei der Prüfung sollte besonders auf folgende Punkte geachtet werden:

- Verschleiß, Verformung und Zerstörung von Bauteilen
- fehlende Bauteile
- ordnungsgemäße Funktion der Verbindungselemente (z. B. Gelenke bei einteiligen Mehrzweckleitern)

Personen mit ausreichenden handwerklichen Kenntnissen und Fertigkeiten können Instandsetzungsarbeiten geringen Umfangs an Leitern und Tritten durchführen.

Beispiele hierfür sind:

- Auswechseln/Einbau von Leiterfüßen
- Kürzung der Leiter bei Beschädigung der Holmenden
- Austausch von einschraubbaren Sprossen

Bei der Instandsetzung ist zu beachten, dass

- das Anlegen von Bandagen um gebrochene Leiterholme nicht zulässig ist,
- schadhafte oder fehlende Sprossen nur durch Sprossen der gleichen Art ersetzt werden und
- durch die Verwendung von Sprossenhaltern für die Befestigung von Ersatzsprossen die Festigkeit der Holme nicht beeinträchtigt wird.

Bei der Instandhaltung von Aufstiegen aus Holz sollen zum frühzeitigen Erkennen von Schäden nur durchscheinende Lacke, Lasuren und Imprägnierungen verwendet werden.

Der Unternehmer hat sicherzustellen, dass Leitern und Tritte nach Instandsetzungsarbeiten, die die Sicherheit dieser Arbeitsmittel beeinträchtigen können, auf ihren sicheren Zustand hin geprüft werden.

Maßnahmen bei Schäden

DGUV Information 208-016 „Handlungsanleitung für den Umgang mit Leitern und Tritten" [137] Pkt. 7

Der Arbeitgeber hat dafür zu sorgen, dass schadhafte Leitern und Tritte der Benutzung entzogen und so aufbewahrt werden, dass die Weiterbenutzung bis zur sachgerechten Instandsetzung bzw. Verschrottung nicht möglich ist.

Instandsetzungsarbeiten größeren Umfangs sollten von Fachbetrieben oder dem Hersteller des Aufstiegs vorgenommen werden.

Dazu gehören z. B.:

- Einbördeln von Sprossen
- Schweißarbeiten

Checklisten und Vorlagen

Checkliste wiederkehrende Prüfung von Leitern und Tritten [138]

3.28 Mittel zur Ersten Hilfe

Instandhaltung

ASR A4.3 „Erste-Hilfe-Räume, Mittel und Einrichtungen zur Ersten Hilfe" [139] Pkt. 4 Absatz 4

Das Erste-Hilfe-Material ist nach Verbrauch, bei Unbrauchbarkeit oder nach Ablauf des Verfallsdatums zu ergänzen bzw. zu ersetzen.

3.29 Notaggregate

Allgemeine Prüfung von Sicherheitseinrichtungen

ArbStättV [140] § 4

Der Arbeitgeber hat Sicherheitseinrichtungen zur Verhütung oder Beseitigung von Gefahren, insbesondere Sicherheitsbeleuchtungen, Feuerlöscheinrichtungen, Signalanlagen, Notaggregate und Notschalter sowie raumlufttechnische Anlagen in regelmäßigen Abständen sachgerecht warten und auf ihre Funktionsfähigkeit hin prüfen zu lassen.

3.29.1 Sicherheitsbeleuchtung

Instandhaltung und Prüfung

ASR A3.4/7 „Sicherheitsbeleuchtung, optische Sicherheitsleitsystem" [141] Pkt. 6

Der Arbeitgeber hat die Sicherheitsbeleuchtung und die Sicherheitsleitsysteme in regelmäßigen Abständen sachgerecht warten und auf ihre Funktionsfähigkeit hin prüfen zu lassen. Die Prüffristen ergeben sich aus der Gefährdungsbeurteilung unter Berücksichtigung der Herstellerangaben. Festgestellte Mängel sind umgehend sachgerecht zu beseitigen.

Die Messung der Leuchtdichten von langnachleuchtenden Sicherheitsleitsystemen erfolgt grundsätzlich am Einsatzort mit kalibrierten Geräten und ist zu dokumentieren.

Prüfbestimmungen aus anderen Rechtsvorschriften bleiben davon unberührt.

Eine Stromquelle für Sicherheitszwecke muss ortsfest aufgestellt sein und darf durch den Ausfall der allgemeinen Stromversorgung nicht beeinträchtigt werden. Wenn nur eine Stromquelle für Sicherheitszwecke vorhanden ist, darf diese nicht für andere Zwecke genutzt werden.

Wie unter Kapitel 3.6 Brandmelde- und Feuerschutzeinrichtungen (siehe Seite 53) beschrieben, fordert die Musterprüfverordnung (MPrüVO) [55] auch für die Sicherheitsstromversorgungen eine wiederkehrende Prüfung innerhalb einer Frist von drei Jahren durch Prüfsachverständige (§ 2 MPrüfVO [55]).

3.30 PSA

Prüfungen durch die Versicherten

DGUV Information 212-515 „Informationsschrift für Unternehmer und Versicherte zur Auswahl, Bereitstellung und Benutzung von persönlichen Schutzausrüstungen" [142] Pkt. 3.3.3

Vor jeder Benutzung müssen persönliche Schutzausrüstungen vom Versicherten auf augenscheinliche Mängel hin geprüft werden (Sicht- und Funktionsprüfung); Mängel hat er dem Unternehmer bzw. seinem Beauftragten unverzüglich zu melden.

Augenscheinliche Mängel, die den weiteren Einsatz von persönlichen Schutzausrüstungen ausschließen, sind z. B.:

- Risse im Industrieschutzhelm
- schadhafte Bebänderung eines Industrieschutzhelms
- Versprödung des Helmmaterials, feststellbar z. B. durch Knacktest nach der DGUV Regel 112-193 „Benutzung von Kopfschutz" [144]
- beschädigte Laufsohlen oder sichtbare Schutzkappen
- aufgescheuerte Nähte bei Auffanggurten
- defektes Polster bei Gehörschutzkapseln
- zerkratzte Gläser von Schutzbrillen
- beschädigte Versiegelung von Atemschutzfiltern

Wartung

PSA-Benutzungsverordnung (PSA-BV) [143] § 2 Absatz 4

Durch Wartungs-, Reparatur- und Ersatzmaßnahmen sowie durch ordnungsgemäße Lagerung trägt der Arbeitgeber dafür Sorge, dass die persönlichen Schutzausrüstungen während der gesamten Benutzungsdauer gut funktionieren und sich in einem hygienisch einwandfreien Zustand befinden.

DGUV Information 212-515 „Informationsschrift für Unternehmer und Versicherte zur Auswahl, Bereitstellung und Benutzung von persönlichen Schutzausrüstungen" [142] Pkt. 3.3.4

Die Notwendigkeit zur Wartung von persönlichen Schutzausrüstungen ergibt sich aus der Art der Ausrüstungen und kann von einfachen Arbeiten durch den Benutzer selbst bis hin zu Wartungen in spezialisierten Werkstätten bei komplexen Ausrüstungen reichen. Näheres ist in den Herstellerinformationen und den einschlägigen BG-Regeln zur Benutzung von persönlichen Schutzausrüstungen ausgeführt.

Checklisten und Vorlagen

- Checkliste Sichtprüfung vor jeder Benutzung (PSA-Absturzsicherung) [145]
- Checkliste wiederkehrende Prüfung PSA gegen Absturz [146]

3.31 Pressen und Schutzeinrichtungen

Wiederkehrende Prüfung von Pressen und Schutzeinrichtungen	Prüfintervall	Anforderung an den Prüfer	Rechtsnorm
Regelmäßige Prüfung	je nach Beanspruchung, mindestens alle 12 Monate	befähigte Person	DGUV Information 209-030 [147]

Regelmäßige Prüfungen

DGUV Information 209-030 „Pressenprüfung" [147]
Pkt. 5.3

Regelmäßige Prüfungen von Pressen und ihren Schutzeinrichtungen sollten im Einschichtbetrieb je nach Beanspruchung, mindestens jedoch alle zwölf Monate durch eine befähigte Person vorgenommen werden. Die Prüffrist von einem Jahr reduziert sich bei Einsatz der Presse im Mehrschichtbetrieb entsprechend der zeitlichen Auslastung. Diese Frist sollte ebenfalls verkürzt werden, wenn die Presse im Bereich ihrer Leistungsgrenzen eingesetzt wird.

Prüfungsumfang

DGUV Information 209-030 „Pressenprüfung" [147]
Pkt. 5.3

Regelmäßige Prüfungen von Pressen sollen sich erstrecken

- auf den einwandfreien Zustand und die fehlerfreie Funktion der Pressen sowie insbesondere
- auf die Ordnungsmäßigkeit und die Wirksamkeit der Schutzeinrichtungen.

Die Prüfhinweise der Hersteller sind zu berücksichtigen.

Nachweis der Prüfungen

DGUV Information 209-030 „Pressenprüfung" [147]
Pkt. 5.4

Der Unternehmer muss dafür sorgen, dass die Ergebnisse von Pressenprüfungen in einem Prüfbuch oder einem Prüfprotokoll niedergelegt werden und mindestens bis zur nächsten Pressenprüfung aufbewahrt werden.

Der Prüfungsbefund muss Folgendes enthalten:

- Prüfdatum
- Art der Prüfung (Prüfung vor erster Inbetriebnahme, regelmäßige Prüfung, außerordentliche Prüfung)
- Prüf-/Beurteilungsgrundlage, mit der Presse durchgeführte Teilprüfungen (Sichtprüfung, Funktionsprüfung, Nachlaufmessung, Fehlersimulation)
- festgestellte Mängel
- Empfehlung zur Inbetriebnahme/zum Weiterbetrieb der Presse
- Name(n) des/der befähigten Person(en) (maschinenbaulicher Teil, Elektrik)

Eine Prüfplakette darf nur bei positivem Abschluss der Prüfung angebracht werden. Gravierende Sicherheitsmängel dürfen nicht bestehen.

Um die Kenntnisnahme des Prüfungsbefunds zu bestätigen, muss das betreffende Formular von einem für den Einsatz der Presse Verantwortlichen des Betreibers gegengezeichnet werden.

Die Mängelabstellung muss ebenfalls durch Unterschrift bestätigt werden.

3.31.1 Berührungslos wirkende Schutzeinrichtungen (BWSen)

BWSen müssen regelmäßig durch eine befähigte Person geprüft werden.

Prüfungsumfang

DGUV Information 209-030 „Pressenprüfung" [147] Pkt. 5.3.2.1, Pkt. 5.3.2.2

Die Prüfung muss sich erstrecken auf

- die einwandfreie Funktion der BWS,
- den Zustand der Bauteile der BWS (bei Geräten mit verschleißbehafteten Komponenten),
- das Zusammenwirken der BWS mit der Steuerung der Presse und
- den ordnungsgemäßen Anbau der BWS.

Außerdem muss geprüft werden, ob der an der Presse angegebene Grenzwert für den Nachlauf nicht überschritten wird

Anforderungen an den Prüfer

DGUV Information 209-030 „Pressenprüfung" [147] Pkt. 5.3.2.1

Als befähigte Personen gelten hier neben den befähigten Personen der Hersteller der BWS auch solche Personen, die bei einem Hersteller von BWSen entsprechend ausgebildet und vom Betreiber der BWS beauftragt sind.

Die BWS-Prüfung durch befähigte Personen der Hersteller der BWS oder durch Personen, die beim Hersteller der BWS entsprechend ausgebildet sind, kann ersetzt werden durch eine alternativ gewählte, genauso effektive Vorgehensweise, z. B. durch die BWS-Prüfung im Rahmen der Pressenprüfung durch befähigte Personen der Pressenhersteller oder -betreiber oder von Umbau-, Wartungs- und Pressenprüffirmen. Wartungsarbeiten – z. B. die Reinigung von Spiegeln und Optikköpfen bei älteren BWS – müssen durch den BWS-Hersteller erfolgen.

Es muss geprüft werden, ob der an der Presse angegebene Grenzwert für den Nachlauf nicht überschritten wird.

Dokumentation

DGUV Information 209-030 „Pressenprüfung" [147] Pkt. 5.3.2.3

Die Prüfergebnisse sind in einem Bericht schriftlich niederzulegen, der von der befähigten Person zu unterzeichnen ist. Die Prüfplakette darf nur bei positivem Abschluss der Prüfung erneuert werden. Der Bericht muss mindestens bis zur nächsten regelmäßigen Prüfung am Aufstellungsort der Presse aufbewahrt werden.

Zum Ergebnis der Prüfung des Nachlaufs (Messung der Nachlaufzeit/Gesamtansprechzeit bzw. Messung des Nachlaufwegs) gehört auch die Angabe des gemessenen Werts.

3.31.2 Zweihandschaltungen

Zweihandschaltungen müssen durch eine befähigte Person regelmäßig geprüft werden.

Prüfungsumfang

DGUV Information 209-030 „Pressenprüfung" [147] Pkt. 5.3.3.1, Pkt. 5.3.3.3

Die Prüfung muss sich erstrecken auf

- die einwandfreie Funktion der Zweihandschaltung,
- den Zustand der Bauteile der Zweihandschaltung und
- das Zusammenwirken der Zweihandschaltung mit der Steuerung der Presse.

Außerdem muss geprüft werden, ob der an der Presse angegebene Grenzwert für die Nachlaufzeit (Gesamtansprechzeit) nicht überschritten wird.

Dokumentation

DGUV Information 209-030 „Pressenprüfung" [147]
Pkt. 5.3.3.2

Das Prüfergebnis ist in einem Bericht, der von der befähigten Person unterzeichnet werden muss, niederzulegen. Der Bericht muss mindestens bis zur nächsten regelmäßigen Prüfung aufbewahrt werden.

Es muss geprüft werden, ob der an der Presse angegebene Grenzwert für die Nachlaufzeit (Gesamtansprechzeit) nicht überschritten wird.

Das Prüfergebnis ist schriftlich niederzulegen und aufzubewahren.

Zum Prüfergebnis gehört auch die Angabe des gemessenen Werts.

3.31.3 Kraftbetriebene bewegliche trennende Schutzeinrichtungen mit Verriegelung

Prüfungsumfang

DGUV Information 209-030 „Pressenprüfung" [147]
Pkt. 5.3.4

Kraftbetriebene bewegliche trennende Schutzeinrichtungen mit Verriegelung müssen in regelmäßigen Zeitabständen durch eine befähigte Person in allen Teilen auf ihren einwandfreien Zustand und ihre einwandfreie Funktion hin geprüft werden.

Checklisten und Vorlagen

- Checkliste wiederkehrende Prüfung von hydraulischen Pressen [148]
- Checkliste wiederkehrende Prüfung von Exzenter- und verwandten Pressen (konventionell/elektrischer Direktantrieb) [149]

3.32 RLT-Anlagen

Raumlufttechnische Anlagen (RLT-Anlagen) sind gemäß ASR A3.6 „Lüftung" [150] Anlagen mit maschineller Förderung der Luft, Luftreinigung (Filtern) und mindestens einer thermodynamischen Luftbehandlungsfunktion (Heizen, Kühlen, Befeuchten, Entfeuchten).

Wiederkehrende Prüfungen von RLT-Anlagen	Prüfintervalle	Anforderungen an den Prüfer	Rechtsnorm
Hygieneinspektion RLT-Anlagen ohne Befeuchtung	alle 3 Jahre	qualifiziertes Personal (Mindestanforderung gemäß VDI 6022 Blatt 4, Kategorie A [152]); zur Sicherstellung der korrekten Durchführung wird empfohlen, einen Hygieniker, Hygienefachkundigen oder einen VDI-geprüften Fachingenieur RLQ hinzuzuziehen.	VDI 6022 Blatt 1 [151]
Hygeieninspektion RLT-Anlagen mit Befeuchtung oder erdverlegten Komponenten	alle 2 Jahre		

Inbetriebnahme, Wartung und Prüfung

ASR A3.6 „Lüftung" [150] Pkt. 6.6 Absätze 1, 2 und 3

Im Rahmen der Gefährdungsbeurteilung ist zu überprüfen, ob die RLT-Anlage wirksam ist und die Anforderungen erfüllt sind. Dabei sind Prüf- und Wartungsintervalle festzulegen; die Herstellerangaben sind zu berücksichtigen.

Entsprechend der ArbStättV [140] sind RLT-Anlagen nach den festgelegten Intervallen sachgerecht zu warten. Die Wartungsintervalle sind so festzulegen, dass die

- technischen,
- hygienischen und
- raumlufttechnischen (z. B. Einstellung und Zustand der Luftdurchlässe)

Eigenschaften sowie der sichere Betrieb der Anlage während der gesamten Betriebszeit gewährleistet werden.

Die Funktionsfähigkeit der RLT-Anlage kann durch Messung beispielsweise folgender Größen überprüft werden:

- Kohlendioxidgehalt unter Nutzungsbedingungen
- Außenluftvolumenstrom
- zulässiger Differenzdruck an Filtern
- Luftgeschwindigkeit im Aufenthaltsbereich
- Schalldruckpegel oder Temperatur der Zuluft

In speziellen Fällen können

- das Druckgefälle zu benachbarten Räumen oder
- die Keimzahl der Zuluft

gemessen werden.

Dokumentation

ASR A3.6 „Lüftung" [150] Pkt. 6.6 Absatz 4

Der Arbeitgeber muss über die aktuellen Unterlagen der RLT-Anlagen verfügen oder dazu Zugang haben, aus denen die Ergebnisse der Prüfung bei Inbetriebnahme und insbesondere von Wartung und regelmäßigen Prüfungen hervorgehen.

Detaillierte Anforderungen an die Prüfung raumlufttechnischer Anlagen enthält die VDI 6022 Blatt 1 [151]. Sie schreibt verschiedene Hygieneinspektionen und -kontrollen vor, beispielsweise erstmals an neu errichteten Anlagen (Hygiene-Erstinspektion u.a. zur Kontrolle der Einhaltung der Anforderungen an die Planung und Ausführung), nach wesentlichen Änderungen und in bestimmten Abständen alle zwei bzw. drei Jahre (Wiederholungs-Hygieneinspektionen).

Die Prüfungen dürfen nur von entsprechend qualifiziertem Fachpersonal durchgeführt werden. Nähere Angaben zu den Mindestanforderungen an die Prüfqualifikationen sind in der VDI 6022 Blatt 4, Kategorie A [152] festgelegt. Zur Sicherstellung der korrekten Durchführung wird empfohlen, einen Hygieniker, Hygienefachkundigen oder einen VDI-geprüften Fachingenieur RLQ hinzuzuziehen.

3.33 Röntengeräte

Wiederkehrende Prüfung von Röntgengeräten	Prüfintervall	Anforderung an den Prüfer	Rechtsnorm
Überprüfung auf sicherheitstechnische Funktion, Sicherheit und Strahlenschutz	alle 5 Jahre	Sachverständiger	RöV [153]

Wiederkehrende Prüfung

RöV [153] § 18 Absatz 1 Nr. 5

Eine Röntgeneinrichtung ist in Zeitabständen von längstens fünf Jahren durch einen Sachverständigen gemäß § 4a RöV [153] nach dem Stand der Technik insbesondere auf sicherheitstechnische Funktion, Sicherheit und Strahlenschutz zu überprüfen; eine Durchschrift des dabei anzufertigenden Prüfberichts ist den zuständigen Stellen unverzüglich zu übersenden.

3.34 Schweißanlagen

Wiederkehrende Prüfungen von Schweißanlagen	Prüfintervalle	Anforderungen an den Prüfer	Rechtsnormen
Sichtprüfung der geöffneten Steckverbindungen, Isolationsprüfung von Eingangs- und Ausgangsstromkreis gegen Körper und beide Stromkreise gegeneinander nach innerer Reinigung der Schweißstromquellen	jährlich	befähigte Person	DGUV Regel 100-500 [104]
Wiederkehrende Prüfung von Flaschenbatterieanlagen und Verbrauchseinrichtungen	mindestens einmal jährlich	Sachkundiger	DGUV Regel 100-500 [104]
Sichtprüfung auf ordnungsgemäßen Zustand, Funktionsprüfung sicherheitstechnischer Einrichtungen, Prüfung Schutzmaßnahmen gegen gefährliche Körperströme auf Wirksamkeit	vierteljährlich	Elektrofachkraft	DGUV Vorschrift 3 [83], DGUV Regel 100-500 [104]
Sichtprüfung der geöffneten Steckverbindungen, Isolationsprüfung von Eingangs- und Ausgangsstromkreis gegen Körper und beide Stromkreise gegeneinander nach innerer Reinigung der Schweißstromquellen	jährlich	Elektrofachkraft	DGUV Vorschrift 3 [83], DGUV Regel 100-500 [104]

Die DGUV Vorschrift 3 „Elektrische Anlagen und Betriebsmittel" [83] schreibt vor, dass Unternehmer dafür zu sorgen haben, dass die elektrischen Anlagen und Betriebsmittel auf ihren ordnungsgemäßen Zustand hin geprüft werden, und zwar

- vor der ersten Inbetriebnahme und nach einer Änderung oder Instandsetzung vor der Wiederinbetriebnahme durch eine Elektrofachkraft oder unter Leitung und Aufsicht einer Elektrofachkraft und
- in bestimmten Zeitabständen.

Die Fristen sind so zu bemessen, dass entstehende Mängel, mit denen gerechnet werden muss, rechtzeitig festgestellt werden.

3.34.1 Flaschenbatterieanlagen und Verbrauchseinrichtungen

Prüfung vor Inbetriebnahme und nach wesentlichen Instandsetzungs- und Änderungsarbeiten

DGUV Regel 100-500 „Betreiben von Arbeitsmitteln" [104] Pkt. 3.27.1

Der Unternehmer hat dafür zu sorgen, dass Flaschenbatterieanlagen und Verbrauchseinrichtungen vor der ersten Inbetriebnahme sowie nach wesentlichen Instandsetzungs- und Änderungsarbeiten auf

- ordnungsgemäße Aufstellung,
- ordnungsgemäße Beschaffenheit und
- Dichtheit unter Betriebsverhältnissen hin

durch einen Sachkundigen geprüft werden.

Regelmäßige Prüfungen

DGUV Regel 100-500 „Betreiben von Arbeitsmitteln" [104] Pkt. 3.27.1

Der Unternehmer hat dafür zu sorgen, dass Einzelflaschen- und Flaschenbatterieanlagen sowie Verbrauchseinrichtungen regelmäßig auf

- Dichtheit und
- ordnungsgemäßen Zustand hin

durch einen Sachkundigen geprüft werden.

Der Unternehmer hat dafür zu sorgen, dass Verbrauchseinrichtungen nach Flammenrückschlägen auf ordnungsgemäßen Zustand hin durch einen Sachkundigen geprüft werden.

Der Unternehmer hat dafür zu sorgen, dass durch einen Sachkundigen mindestens einmal jährlich

- trockene Gebrauchsstellenvorlagen und Einzelflaschensicherungen auf Sicherheit gegen Gasrücktritt, Dichtheit und Durchfluss und
- nasse Gebrauchsstellenvorlagen gereinigt und auf Sicherheit gegen Gasrücktritt

geprüft werden.

Der Unternehmer hat dafür zu sorgen, dass nasse Gebrauchsstellenvorlagen mindestens einmal je Schicht vor Beginn schweißtechnischer Arbeiten und nach jedem Flammenrückschlag in drucklosem Zustand auf ausreichenden Flüssigkeitsinhalt hin geprüft und erforderlichenfalls nachgefüllt werden.

Die Versicherten haben vor Arbeitsbeginn

- Gasschläuche, deren Befestigungen und Verbindungselemente auf einwandfreien Zustand und
- Verbrauchseinrichtungen auf Funktion hin

zu prüfen.

3.34.2 Elektrische Einrichtungen der Schweißtechnik

Hinsichtlich der Prüfung von elektrischen Einrichtungen der Schweißtechnik und der Prüfpersonen verweist die DGUV Regel 100-500 „Betreiben von Arbeitsmitteln" [104] auf § 5 der DGUV Vorschrift 3 „Elektrische Anlagen und Betriebsmittel" [83].

Danach hat der Unternehmer dafür zu sorgen, dass die elektrischen Anlagen und Betriebsmittel auf ihren ordnungsgemäßen Zustand hin geprüft werden

- vor der ersten Inbetriebnahme und nach einer Änderung oder Instandsetzung vor der Wiederinbetriebnahme durch eine Elektrofachkraft oder unter Leitung und Aufsicht einer Elektrofachkraft und
- in bestimmten Zeitabständen.

Die Fristen sind so zu bemessen, dass entstehende Mängel, mit denen gerechnet werden muss, rechtzeitig festgestellt werden.

Bei der Prüfung sind die sich hierauf beziehenden elektrotechnischen Regeln zu beachten.

Auf Verlangen der Berufsgenossenschaft ist ein Prüfbuch mit bestimmten Eintragungen zu führen.

Die Prüfung vor der ersten Inbetriebnahme ist nicht erforderlich, wenn dem Unternehmer vom Hersteller oder Errichter bestätigt wird, dass die elektrischen Anlagen und Betriebsmittel den Bestimmungen der DGUV Regel 100-500 [104] entsprechend beschaffen sind.

Die DGUV Regel 100-500 [104] besagt zudem, dass bei der Bemessung der Prüffristen für nicht ortsfeste Einrichtungen der Lichtbogentechnik zu berücksichtigen ist, dass

- Schweißleitungen, Schlauchpakete, Steckvorrichtungen, Stabelektrodenhalter und Lichtbogenbrenner stark beansprucht werden,
- Netzanschlussleitungen und Steckvorrichtungen durch vagabundierende Schweißströme beschädigt sein können,
- die Isolation der Schweißstromquellen durch Staubablagerungen in ihnen vermindert wird.

Sie empfiehlt folgende Prüffristen:

- vierteljährliche Prüfung
  - Sichtprüfung auf ordnungsgemäßen Zustand
  - Funktionsprüfung sicherheitstechnischer Einrichtungen
  - Prüfung der Schutzmaßnahmen gegen gefährliche Körperströme auf Wirksamkeit hin
- jährliche Prüfung
  - Sichtprüfung der geöffneten Steckverbindungen

- Isolationsprüfung von Eingangs- und Ausgangsstromkreis gegen Körper und beide Stromkreise gegeneinander nach innerer Reinigung der Schweißstromquellen

Die Sichtprüfung auf ordnungsgemäßen Zustand hin umfasst z. B.

- Netzanschlussleitungen und Steckvorrichtungen,
- Schweißleitungen, Schlauchpakete, Steckvorrichtungen, Stabelektrodenhalter und Lichtbogenbrenner,
- Schutz- und Sicherheitseinrichtungen wie Hauptschalter, Notbefehleinrichtungen, Melde- und Kontrollleuchten, Wahlschalter und Befehlsgeräte.

Die Funktionsprüfung sicherheitstechnischer Einrichtungen umfasst z. B. Hauptschalter, Befehlsgeräte, Wahlschalter, Melde- und Kontrollleuchten.

Die Prüfung der Wirksamkeit der Schutzmaßnahme gegen gefährliche Körperströme umfasst z. B. die Messung des Schutzleiterwiderstands, siehe DIN EN 60974-1 (VDE 0544-1) „Lichtbogenschweißeinrichtungen – Teil 1: Schweißstromquellen" [154].

Die Forderung nach Prüfung der Isolation wird z. B. durch Anwendung einer Prüfgleichspannung von 1000 V erfüllt.

Checklisten und Vorlagen

- Checkliste regelmäßige Prüfung von Flaschenbatterieanlagen und Verbrauchseinrichtungen [155]
- Checkliste wiederkehrende Prüfung von Lichtbogenschweißeinrichtungen [156]

3.35 Silos

Wiederkehrende Prüfung von transportablen Silos	Prüfintervall	Anforderung an den Prüfer	Rechtsnorm
Prüfung auf ordnungsgemäße Aufstellung und mögliche Beschädigungen	nach jedem Umsetzen	Betreiber	DGUV Regel 113-005 [157]

Prüfung vor Inbetriebnahme

DGUV Regel 113-005 „Behälter, Silos und enge Räume – Teil 2: Umgang mit transportablen Silos" [157] Pkt. 4.1.4

Nach jedem Umsetzen sind transportable Silos mit ihren Zusatzeinrichtungen und dem (bereitgestellten) Zubehör auf ordnungsgemäße Aufstellung und mögliche Beschädigungen hin zu prüfen.

Diese Prüfung erfolgt in der Regel durch den Betreiber.

Der Prüfumfang ergibt sich aus den Betriebsanleitungen der Hersteller. Das Ergebnis der Prüfung ist in geeigneter Form zu dokumentieren, z. B. durch eine Checkliste.

Weitere Prüfungen

DGUV Regel 113-005 „Behälter, Silos und enge Räume – Teil 2: Umgang mit transportablen Silos" [157] Pkt. 4.1.4

Bedingt durch häufiges Umsetzen und erschwerte Einsatzbedingungen, z. B. beim Baustellenbetrieb, unterliegen transportable Silos und ihr Zubehör (elektrische Anschlusskabel, Pump-/Förderschläuche) einem erhöhten Verschleiß.

Die Notwendigkeit weiterer Prüfungen und deren Dokumentation (z. B. wiederkehrende Prüfungen) kann sich aus den Anforderungen der Betriebssicherheitsverordnung (BetrSichV) [4] ergeben.

Instandhaltung allgemein

DGUV Regel 113-005 „Behälter, Silos und enge Räume – Teil 2: Umgang mit transportablen Silos" [157] Pkt. 4.6.1

In einer Betriebsanweisung sind von dem Betreiber die erforderlichen Reinigungs- und Wartungsarbeiten festzulegen. Auf vorhersehbare Störungen und die hierbei erforderlichen Maßnahmen ist hinzuweisen.

Die Versicherten haben die Arbeiten entsprechend der Betriebsanweisung durchzuführen.

Die Versicherten der Betreiber verfügen in der Regel über keine ausreichenden Kenntnisse der speziellen Gefährdungen bei Instandhaltungsarbeiten an transportablen Silos. Daher sollen nur die in der Betriebsanweisung angegebenen Tätigkeiten durchgeführt und Arbeitsabläufe eingehalten werden. Grundlage der Betriebsanweisung ist die jeweilige Betriebsanleitung des Herstellers.

Spezielle Gefährdungen bestehen z. B.:

- bei Arbeiten an unter Druck stehenden Behältern und Schläuchen
- bei Arbeiten in explosionsgefährdeten Bereichen
- bei der Behebung von Störungen im Materialfluss
- bei der Behebung von Störungen in der Mischeinrichtung
- durch Quetschen bei Montage/Demontage von Mischeinrichtungen nach Instandhaltungsarbeiten

Schutzmaßnahmen bei Instandhaltungsarbeiten

DGUV Regel 113-005 „Behälter, Silos und enge Räume – Teil 2: Umgang mit transportablen Silos" [157] Pkt. 4.6.2

Mit Instandhaltungsarbeiten an transportablen Silos darf erst begonnen werden, nachdem Gefahr bringende Bewegungen durch bewegliche Einrichtungen zum Stillstand gekommen sind und ein unbefugtes, irrtümliches oder unerwartetes Ingangsetzen sicher vermieden ist. Ein Ingangsetzen wird z. B. sicher vermieden, wenn abschließbare Schalter mit Trenneigenschaften (Netztrenneinrichtungen) abgeschaltet und verschlossen sind.

Zusätzlich muss das Wirksamwerden gespeicherter Energien sicher vermieden werden.

Gefahr bringende Bewegungen können z. B. vermieden werden:

- durch Druckentlastung von Hydraulik- und Pneumatikantrieben sowie Federspeicherzylindern,
- wenn Teile, die ihre Lage verändern können, durch Stützen, Riegel oder ähnliche Sperreinrichtungen festgelegt werden,
- wenn Verladerohre abgesenkt oder bis zum Stillstand abgebremst sind.

3.36 Stetigförderer

Wiederkehrende Prüfung von Stetigförderer	Prüfintervall	Anforderung an den Prüfer	Rechtsnorm
Zustand der Bauteile und Einrichtungen sowie Vollständigkeit und Wirksamkeit der Befehls- und Sicherheitseinrichtungen	mindestens einmal jährlich	befähigte Person	TRBS 1201 [45]

Prüfungen

TRBS 1201 „Prüfungen von Arbeitsmitteln und überwachungsbedürftigen Anlagen" [45] Anlage Tabelle 2

Die TRBS 1201 [45] empfiehlt, Stetigförderer einmal jährlich hinsichtlich

- des Zustands der Bauteile und der Einrichtungen sowie
- der Vollständigkeit und Wirksamkeit der Befehls- und Sicherheitseinrichtungen

zu prüfen. Die Prüfungen sind durch eine befähigte Person durchzuführen.

Checklisten und Vorlagen

Checkliste wiederkehrende Prüfung von Stetigförderern [158]

3.37 Tankstellen

Die Anforderungen an die wiederkehrende Prüfung von Tankstellen sind in der Betriebssicherheitsverordnung (BetrSichV) [4] geregelt. Tankstellen zählen dabei zu den überwachungsbedürftigen Anlagen in explosionsgefährdeten Bereichen (siehe Seite 46).

Im Folgenden wird unterschieden zwischen

- Tankstellen für Diesel/Benzin und
- ortsfesten Füllanlagen für Gase.

Wiederkehrende Prüfungen von Tankstellen	Prüfintervalle	Anforderungen an den Prüfer	Rechtsnorm
Tankstellen (Diesel/Benzin)	alle 6 Jahre	befähigte Person	BetrSichV [4]
Anlagenteile: Geräte, Schutzsysteme, Sicherheits-, Kontroll- und Regelvorrichtungen	alle 3 Jahre	befähigte Person	
Anlagenteile: Lüftungsanlagen, Gaswarneinrichtungen und Inertisierungseinrichtungen	jährlich	befähigte Person	
Tankstelle (Gas)	alle 5 Jahre	ZÜS	

3.37.1 Diesel/Benzin

Wiederkehrende Prüfungen von Anlagen in explosionsgefährdeten Bereichen

Betriebssicherheitsverordnung (BetrSichV) [4]
Anhang 2 Abschnitt 3 Pkt. 5.1

Anlagen in explosionsgefährdeten Bereichen sind mindestens alle sechs Jahre auf Explosionssicherheit hin zu prüfen. Hierbei sind das Explosionsschutzdokument und die Zoneneinteilung zu berücksichtigen. Bei der Prüfung ist festzustellen,

- ob die für die Prüfung benötigten technischen Unterlagen vollständig vorhanden sind und ihr Inhalt plausibel ist,
- ob die Prüfungen von Geräten, Schutzsystemen, Sicherheits-, Kontroll- und Regelvorrichtungen sowie von Lüftungsanlagen, Gaswarneinrichtungen und Inertisierungseinrichtungen durchgeführt und die dabei festgestellten Mängel behoben wurden, oder ob das Instandhaltungskonzept geeignet ist und angewendet wird,
- ob sich die Anlage in einem der BetrSichV [4] entsprechenden Zustand befindet und sicher verwendet werden kann, und
- ob die festgelegten technischen Maßnahmen geeignet und funktionsfähig und die festgelegten organisatorischen Maßnahmen geeignet sind.

Anforderungen an die befähigte Person

Betriebssicherheitsverordnung (BetrSichV) [4]
Anhang 2 Abschnitt 3 Pkt. 3

Die Prüfung darf dabei von einer befähigten Person durchgeführt werden, die

- über die allgemeinen Qualifikationen hinaus eine der folgenden Qualifikationen besitzt:
  – einschlägiges Studium
  – einschlägige Berufsausbildung
  – vergleichbare technische Qualifikation
  – andere technische Qualifikation mit langjähriger Erfahrung auf dem Gebiet der Sicherheitstechnik,
- über umfassende Kenntnisse des Explosionsschutzes einschließlich des zugehörigen Regelwerks verfügt,
- eine einschlägige Berufserfahrung aus einer zeitnahen Tätigkeit nachweisen kann,
- ihre Kenntnisse zum Explosionsschutz auf aktuellem Stand hält und
- sich regelmäßig durch Teilnahme an einschlägigem Erfahrungsaustausch auf dem Gebiet des Explosionsschutzes fortbildet.

Zusätzlich ist zu prüfen, ob die erforderlichen Maßnahmen zum Brandschutz eingehalten sind.

Wiederkehrende Prüfungen von Anlagenteilen

Betriebssicherheitsverordnung (BetrSichV) [4]
Anhang 2 Abschnitt 3 Pkt. 5.2 - 5.4

Geräte, Schutzsysteme, Sicherheits-, Kontroll- und Regelvorrichtungen im Sinne der Richtlinie 2014/34/EU [21] einschließlich ihrer Verbindungseinrichtungen sind – auch als Bestandteil der Anlagen – unter Berücksichtigung von Wechselwirkungen mit anderen Anlagenteilen wiederkehrend mindestens alle drei Jahre zu prüfen.

Lüftungsanlagen, Gaswarneinrichtungen und Inertisierungseinrichtungen sind – auch als Bestandteil von Anlagen – unter Berücksichtigung von Wechselwirkungen mit anderen Anlagenteilen wiederkehrend jährlich zu prüfen.

Auf die wiederkehrenden Prüfungen von Geräten, Schutzsystemen, Sicherheits-, Kontroll- und Regelvorrichtungen sowie von Lüftungsanlagen, Gaswarneinrichtungen und Inertisierungseinrichtungen kann verzichtet werden, wenn der Arbeitgeber im Rahmen der Dokumentation der Gefährdungsbeurteilung ein Instandhaltungskonzept festgelegt hat, das gleichwertig sicherstellt, dass ein sicherer Zustand der Anlagen aufrechterhalten wird und die Explosionssicherheit dauerhaft gewährleistet ist. Die Eignung des Instandhaltungskonzepts ist im Rahmen der Prüfung zu bewerten. Die im Rahmen des Instandhaltungskonzept durchgeführten Arbeiten und Maßnahmen an der Anlage sind zu dokumentieren und der Behörde auf Verlangen darzulegen.

Anforderungen an die befähigte Person

Betriebssicherheitsverordnung (BetrSichV) [4]
Anhang 2 Abschnitt 3 Pkt. 3

Die Prüfung von Geräten, Schutzsystemen, Sicherheits-, Kontroll- und Regelvorrichtungen sowie von Lüftungsanlagen, Gaswarneinrichtungen und Inertisierungseinrichtungen kann von einer zur Prüfung befähigten Person durchgeführt werden, die über die allgemeinen Qualifikationen hinaus

- eine einschlägige technische Berufsausbildung oder eine andere für die vorgesehenen Prüfungsaufgaben ausreichende technische Qualifikation nachweisen kann,
- über eine mindestens einjährige Erfahrung hinsichtlich der Herstellung, dem Zusammenbau, dem Betrieb oder der Instandhaltung der zu prüfenden Anlagen oder Anlagenkomponenten im Sinne dieses Abschnitts der BetrSichV [4] verfügt und
- ihre Kenntnisse über Explosionsgefährdungen durch Teilnahme an Schulungen oder Unterweisungen auf aktuellem Stand hält.

3.37.2 Gas

Wiederkehrende Prüfungen

Betriebssicherheitsverordnung (BetrSichV) [4]
Anhang 2 Abschnitt 4 Pkt. 6.32

Die wiederkehrenden Prüfungen sind alle fünf Jahre von einer zugelassenen Überwachungsstelle durchzuführen.

Checklisten und Vorlagen

Checkliste wiederkehrende Prüfung von Tankstellen [159]

3.38 Verdunstungskühlanlagen, Nassabscheider, Kühltürme

Die Prüfung von Verdunstungskühlanlagen und -apparaten, bei denen Wasser verrieselt oder versprüht wird oder anderweitig in Kontakt mit der Atmosphäre kommen kann – mit Ausnahme von Naturzugkühltürmen mit einer thermischen Leistung von mehr als 200 MW – war bisher ausschließlich in der VDI 2047 Blatt 2

„Rückkühlwerke – Sicherstellung des hygienegerechten Betriebs von Verdunstungskühlanlagen" [159] geregelt. Mit der Verordnung über Verdunstungskühlanlagen, Kühltürme und Nassabscheider (42. BImSchV) [160] hat nun auch der Gesetzgeber eine Regelung erlassen, um einen Ausbruch von Legionellenerkrankungen, wie in Ulm (2009) und Warstein (2014) geschehen, wirksam zu verhindern. Die gesetzliche Neuregelung basiert dabei auf der VDI-Richtlinie und ist seit dem 19. August 2017 in Kraft.

Geregelt werden Prüfungen für Verdunstungskühlanlagen, Kühltürme und Nassabscheider. Anlagen und Apparate, bei denen Kondenswasserbildung durch Taupunktunterschreitung möglich ist, werden nicht behandelt, z. B. solche mit Kaltwassersätzen.

Um Hygienemängel frühzeitig erkennen und beheben zu können, müssen Verdunstungskühlanlagen in regelmäßigen Abständen überprüft werden.

wiederkehrende Prüfung von Verdunstungskühlanlagen, Nassabscheidern und Kühltürmen	Prüffrist	Anforderungen an den Prüfer	Rechtsnorm
Betriebsinterne Überprüfungen chemischer, physikalischer oder mikrobiologischer Kenngrößen des Nutzwassers bei Verdunstungskühlanlagen, Nassabscheidern und Kühltürmen	alle 2 Wochen	fachkundige Person	42. BImSchV [107]
Laboruntersuchungen des Nutzwassers auf den Parameter allgemeine Koloniezahl bei Verdunstungskühlanlagen und Nassabscheidern	alle 3 Monate	akkreditiertes Prüflaboratorium	
Laboruntersuchungen des Nutzwassers auf den Parameter Legionellen bei Verdunstungskühlanlagen und Nassabscheidern	alle 3 Monate	akkreditiertes Prüflaboratorium	
Laboruntersuchungen des Nutzwassers auf den Parameter Legionellen bei Kühltürmen	monatlich	akkreditiertes Prüflaboratorium	
Überprüfung des ordnungsgemäßen Anlagenbetriebs	alle 5 Jahre	öffentlich bestellter und vereidigter Sachverständiger oder akkreditierte Inspektionsstelle Typ A	

Ermittlung des Referenzwertes bei Verdunstungskühlanlagen und Nassabscheidern

Zweiundvierzigste Verordnung zur Durchführung des Bundes-Immissionsschutzgesetzes (Verordnung über Verdunstungskühlanlagen, Kühltürme und Nassabscheider – 42. BImSchV) [107] § 4 Abs. 1

Nach der Inbetriebnahme oder der Wiederinbetriebnahme einer Verdunstungskühlanlage oder eines Nassabscheiders ist der Referenzwert des Nutzwassers grundsätzlich aus mindestens sechs aufeinanderfolgenden Laboruntersuchungen auf den Parameter allgemeine Koloniezahl zu bestimmen.

Der Betreiber hat unverzüglich nach der Inbetriebnahme oder der Wiederinbetriebnahme die Art der Bestimmung des Referenzwertes festzulegen und im Betriebstagebuch zu dokumentieren.

Betriebsinterne Überprüfungen und Laboruntersuchungen in Verdunstungskühlanlagen und Nassabscheidern

Zweiundvierzigste Verordnung zur Durchführung des Bundes-Immissionsschutzgesetzes (Verordnung über Verdunstungskühlanlagen, Kühltürme und Nassabscheider – 42. BImSchV) [107] § 4 Abs. 2-5

Der Betreiber hat

- zur Sicherstellung der hygienischen Beschaffenheit des Nutzwassers regelmäßig mindestens zweiwöchentliche betriebsinterne Überprüfungen chemischer, physikalischer oder mikrobiologischer Kenngrößen des Nutzwassers durchzuführen,
- zur Überprüfung der Einhaltung des Referenzwertes regelmäßig mindestens alle drei Monate Laboruntersuchungen des Nutzwassers auf den Parameter allgemeine Koloniezahl durchführen zu lassen.

Der Betreiber hat regelmäßig mindestens alle drei Monate Laboruntersuchungen des Nutzwassers auf den Parameter Legionellen durchführen zu lassen. Werden die in Anlage 1 der 42. BImSchV [107] genannten Prüfwerte 1 in zwei aufeinanderfolgenden Jahren bei keiner dieser Laboruntersuchung überschritten, können die regelmäßigen Laboruntersuchungen alle sechs Monate durchgeführt werden. Dabei muss immer eine Laboruntersuchung zwischen dem 1. Juni und dem 31. August durchgeführt werden.

Der Betreiber hat sicherzustellen, dass er über das Ergebnis der Laboruntersuchungen unverzüglich unterrichtet wird. Der Betreiber hat die betriebsinternen Überprüfungen, die Laboruntersuchungen nach deren Veranlassung und die Ergebnisse der betriebsinternen Überprüfungen und der Laboruntersuchungen jeweils nach deren Vorliegen unverzüglich im Betriebstagebuch zu dokumentieren. Zusätzlich ist der mikrobiologische Untersuchungsbefund als Anlage zum Betriebstagebuch zu nehmen.

Maßnahmen bei einem Anstieg der Konzentration der allgemeinen Koloniezahl in Verdunstungskühlanlagen und Nassabscheidern

Zweiundvierzigste Verordnung zur Durchführung des Bundes-Immissionsschutzgesetzes (Verordnung über Verdunstungskühlanlagen, Kühltürme und Nassabscheider – 42. BImSchV) [107] § 5

Ist aufgrund einer Laboruntersuchung nach § 4 Absatz 2 Nummer 2 ein Anstieg der Konzentration der allgemeinen Koloniezahl um den Faktor 100 oder mehr gegenüber dem Referenzwert festzustellen, hat der Betreiber unverzüglich Untersuchungen zur Aufklärung der Ursachen durchzuführen und die erforderlichen Maßnahmen für einen ordnungsgemäßen Betrieb, insbesondere Sofortmaßnahmen zur Verminderung der mikrobiellen Belastung, zu ergreifen.

Der Betreiber hat die ermittelten Ursachen und die gegebenenfalls ergriffenen Maßnahmen jeweils nach deren Durchführung unverzüglich im Betriebstagebuch zu dokumentieren.

Zusätzliche Laboruntersuchungen bei einer Überschreitung der Prüfwerte in Verdunstungskühlanlagen und Nassabscheidern

Zweiundvierzigste Verordnung zur Durchführung des Bundes-Immissionsschutzgesetzes (Verordnung über Verdunstungskühlanlagen, Kühltürme und Nassabscheider – 42. BImSchV) [107] § 6

Wird bei einer der mindestens alle drei Monate durchzuführenden Laboruntersuchungen des Nutzwassers auf den Parameter Legionellen eine Überschreitung der in Anlage 1 der 42. BImSchV [107] genannten Prüfwerte 1 oder 2 festgestellt, hat der Betreiber unverzüglich eine zusätzliche Laboruntersuchung auf den Parameter Legionellen durchführen zu lassen.

Bestätigt die zusätzliche Laboruntersuchung eine Überschreitung des in Anlage 1 der 42. BImSchV [107] genannten Prüfwertes 1, hat der Betreiber unverzüglich

- Untersuchungen zur Aufklärung der Ursachen durchzuführen,
- die erforderlichen Maßnahmen für einen ordnungsgemäßen Betrieb zu ergreifen,
- betriebsinterne Überprüfungen wöchentlich durchzuführen und
- Laboruntersuchungen auf die Parameter allgemeine Koloniezahl und Legionellen monatlich durchführen zulassen.

Bestätigt die zusätzliche Laboruntersuchung eine Überschreitung des in Anlage 1 der 42. BImSchV [107] genannten Prüfwertes 2, hat der Betreiber unverzüglich

- die vorgenannten Pflichten zu erfüllen und
- technische Maßnahmen nach dem Stand der Technik, insbesondere Sofortmaßnahmen zur Verminderung der mikrobiellen Belastung, zu ergreifen, um die Legionellenkonzentration im Nutzwasser unter den in Anlage 1 der 42. BImSchV [107] genannten Prüfwert 2 zu reduzieren.

Der Betreiber hat die zusätzliche Laboruntersuchung nach deren Veranlassung sowie die Ergebnisse der Laboruntersuchung und die Ergebnisse der Untersuchungen jeweils nach deren Vorliegen sowie die gegebenenfalls ergriffenen Maßnahmen jeweils nach deren Durchführung unverzüglich im Betriebstagebuch zu dokumentieren.

Wird bei drei aufeinanderfolgenden (monatlichen) Laboruntersuchungen auf die Parameter allgemeine Koloniezahl und Legionellen festgestellt, dass die in Anlage 1 der 42. BImSchV [107] genannten Prüfwerte 1 eingehalten werden, gelten ab dem Zeitpunkt der letzten Probenahme wieder die Prüfintervalle nach § 4 Absatz 2 und 3.

Betriebsinterne Überprüfungen und Laboruntersuchungen in Kühltürmen

Zweiundvierzigste Verordnung zur Durchführung des Bundes-Immissionsschutzgesetzes (Verordnung über Verdunstungskühlanlagen, Kühltürme und Nassabscheider – 42. BImSchV) [107] § 7

Der Betreiber hat durch regelmäßige mindestens zweiwöchentliche betriebsinterne Überprüfungen chemischer, physikalischer oder mikrobiologischer Kenngrößen die hygienische Beschaffenheit des Nutzwassers sicherzustellen.

Der Betreiber hat regelmäßig mindestens monatlich Laboruntersuchungen des Nutzwassers auf den Parameter Legionellen durchführen zu lassen. Werden die in Anlage 1 der 42. BImSchV [107] genannten Prüfwerte 1 in zwei aufeinanderfolgenden Jahren bei keiner dieser Laboruntersuchung überschritten, können die regelmäßigen Untersuchungen alle zwei Monate durchgeführt werden.

Der Betreiber hat sicherzustellen, dass er über das Ergebnis der Laboruntersuchungen unverzüglich unterrichtet wird. Der Betreiber hat die betriebsinternen Überprüfungen und die Laboruntersuchungen nach deren Veranlassung sowie deren jeweilige Ergebnisse nach Vorliegen unverzüglich im Betriebstagebuch zu dokumentieren. Zusätzlich ist der mikrobiologische Untersuchungsbefund als Anlage zum Betriebstagebuch zu nehmen.

Zusätzliche Laboruntersuchung bei einer Überschreitung der Prüfwerte in Kühltürmen

Zweiundvierzigste Verordnung zur Durchführung des Bundes-Immissionsschutzgesetzes (Verordnung über Verdunstungskühlanlagen, Kühltürme und Nassabscheider – 42. BImSchV) [107] § 8

Wird bei einer Laboruntersuchung eine Überschreitung des in Anlage 1 der 42. BImSchV [107] genannten Prüfwertes 2 festgestellt, hat der Betreiber unverzüglich eine zusätzliche Laboruntersuchung auf den Parameter Legionellen durchführen zu lassen.

Bestätigt die zusätzliche Laboruntersuchung eine Überschreitung des in Anlage 1 der 42. BImSchV [107] genannten Prüfwertes 2, hat der Betreiber unverzüglich

- Untersuchungen zur Aufklärung der Ursachen durchzuführen,
- die erforderlichen Maßnahmen für einen ordnungsgemäßen Betrieb, insbesondere Sofortmaßnahmen zur Verminderung der mikrobiellen Belastung, zu ergreifen,
- technische Maßnahmen nach dem Stand der Technik zu ergreifen, um die Legionellenkonzentration im Nutzwasser unter den in Anlage 1 der 42. BImSchV [107] genannten Prüfwert 2 zu reduzieren.

Der Betreiber hat die zusätzliche Laboruntersuchung nach deren Veranlassung sowie die Ergebnisse der Laboruntersuchung und die Ergebnisse der Untersuchungen jeweils nach deren Vorliegen sowie die gegebenenfalls ergriffenen Maßnahmen jeweils nach deren Durchführung unverzüglich im Betriebstagebuch zu dokumentieren.

Maßnahmen bei einer Überschreitung der Maßnahmenwerte

Zweiundvierzigste Verordnung zur Durchführung des Bundes-Immissionsschutzgesetzes (Verordnung über Verdunstungskühlanlagen, Kühltürme und Nassabscheider – 42. BImSchV) [107] § 9

Wird bei einer regelmäßig mindestens alle drei Monate durchzuführenden Laboruntersuchung des Nutzwassers auf den Parameter Legionellen bei Verdunstungskühlanlagen oder Nassabscheidern (bei Kühltürmen monatlich) eine Überschreitung der in Anlage 1 genannten Maßnahmenwerte festgestellt, hat der Betreiber unverzüglich

- eine Untersuchung zur Differenzierung der nachgewiesenen Legionellen nach
  - Legionella pneumophila – Serogruppe 1,
  - Legionella pneumophila – andere Serogruppen und
  - andere Legionellenarten (Legionella non-pneumophila)

durch ein akkreditiertes Prüflaboratorium durchführen zu lassen,
- bei Verdunstungskühlanlagen und Nassabscheidern
  - Untersuchungen zur Aufklärung der Ursachen durchzuführen,
  - die erforderlichen Maßnahmen für einen ordnungsgemäßen Betrieb zu ergreifen,
  - betriebsinterne Überprüfungen wöchentlich durchzuführen und
  - Laboruntersuchungen auf die Parameter allgemeine Koloniezahl und Legionellen monatlich durchführen zulassen und

- technische Maßnahmen nach dem Stand der Technik, insbesondere Sofortmaßnahmen zur Verminderung der mikrobiellen Belastung, zu ergreifen, um die Legionellenkonzentration im Nutzwasser unter den in Anlage 1 genannten Prüfwert 2 zu reduzieren.
- bei Kühltürmen
  - Untersuchungen zur Aufklärung der Ursachen durchzuführen,
  - die erforderlichen Maßnahmen für einen ordnungsgemäßen Betrieb, insbesondere Sofortmaßnahmen zur Verminderung der mikrobiellen Belastung, zu ergreifen,
  - technische Maßnahmen nach dem Stand der Technik zu ergreifen, um die Legionellenkonzentration im Nutzwasser unter den in Anlage 1 genannten Prüfwert 2 zu reduzieren
- sowie eine zusätzliche Laboruntersuchung auf den Parameter Legionellen durchführen zu lassen.

Bestätigt die zusätzliche Laboruntersuchung eine Überschreitung der in Anlage 1 genannten Maßnahmenwerte, hat der Betreiber unverzüglich des Weiteren Gefahrenabwehrmaßnahmen, insbesondere zur Vermeidung der Freisetzung mikroorganismenhaltiger Aerosole, zu ergreifen.

Der Betreiber hat die Untersuchung zur Differenzierung der Legionellen und die zusätzliche Laboruntersuchung jeweils nach deren Veranlassung, die jeweiligen Ergebnisse nach deren Vorliegen, sowie die gegebenenfalls ergriffenen Gefahrenabwehrmaßnahmen jeweils nach deren Durchführung unverzüglich im Betriebstagebuch zu dokumentieren.

Regelmäßige Prüfung

Zweiundvierzigste Verordnung zur Durchführung des Bundes-Immissionsschutzgesetzes (Verordnung über Verdunstungskühlanlagen, Kühltürme und Nassabscheider – 42. BImSchV) [107] § 14

Der Betreiber hat nach der Inbetriebnahme regelmäßig alle fünf Jahre von

- einem öffentlich bestellten und vereidigten Sachverständigen oder
- einer akkreditierten Inspektionsstelle Typ A

eine Überprüfung des ordnungsgemäßen Anlagenbetriebs durchführen zu lassen. Für bestehende Anlagen ist die erste Überprüfung bis zu den nachstehenden Daten fällig:
für Anlagen,

- die vor dem 19. August 2011 in Betrieb gegangen sind, ist die erste Überprüfung bis zum 19. August 2019 durchzuführen,
- die vor dem 19. August 2013 in Betrieb gegangen sind, ist die erste Überprüfung bis zum 19. August 2020 durchzuführen,
- die vor dem 19. August 2015 in Betrieb gegangen sind, ist die erste Überprüfung bis zum 19. August 2021 durchzuführen,
- die vor dem 19. August 2017 in Betrieb gegangen sind, ist die erste Überprüfung bis zum 19. August 2022 durchzuführen.

Der Betreiber hat den Sachverständigen und die Inspektionsstelle zu beauftragen, die Ergebnisse der Überprüfungen zeitgleich dem Betreiber und der zuständigen Behörde jeweils innerhalb von vier Wochen nach Abschluss der Überprüfung mitzuteilen.

Für Anlagen, die als Anlagenteile oder Nebeneinrichtungen von immissionsschutzrechtlich genehmigungsbedürftigen Anlagen betrieben werden, kann die zuständige Behörde abweichende Anforderungen zur Überprüfung dieser Anlagen in der Genehmigung festlegen.

Zulassung von Ausnahmen

Zweiundvierzigste Verordnung zur Durchführung des Bundes-Immissionsschutzgesetzes (Verordnung über Verdunstungskühlanlagen, Kühltürme und Nassabscheider – 42. BImSchV) [107] § 15

Die zuständige Behörde kann auf Antrag des Betreibers Ausnahmen von den Anforderungen der 42. BImSchV [107], ausgenommen die in Anlage 1 genannten Prüf- und Maßnahmenwerte, zulassen.

Anforderungen an den Prüfer zur Durchführung der Laboruntersuchungen

Zweiundvierzigste Verordnung zur Durchführung des Bundes-Immissionsschutzgesetzes (Verordnung über Verdunstungskühlanlagen, Kühltürme und Nassabscheider – 42. BImSchV) [107] § 3 Abs. 8

Der Betreiber hat die Laboruntersuchungen und die dafür erforderlichen Probenahmen jeweils von einem akkreditierten Prüflaboratorium durchführen zu lassen; die Probenahme und die Untersuchung zur Bestimmung der Legionellen sind nach genormten Verfahren, unter Berücksichtigung gegebenenfalls vorliegender Empfehlungen des Umweltbundesamts, durchzuführen. Der Betreiber hat dem Labor und dem Probenehmer den Zeitpunkt einer erfolgten Biozidzugabe sowie die Menge und die Art des Biozids mitzuteilen.

Betriebstagebuch

Zweiundvierzigste Verordnung zur Durchführung des Bundes-Immissionsschutzgesetzes (Verordnung über Verdunstungskühlanlagen, Kühltürme und Nassabscheider – 42. BImSchV) [107] § 12

Der Betreiber einer Anlage hat zur Überprüfung des ordnungsgemäßen Anlagenbetriebs ein Betriebstagebuch zu führen, in das unverzüglich mindestens die Informationen gemäß Anlage 4 Teil 1 42. BImSchV [107] einzustellen sind.

Das Betriebstagebuch kann durch Speicherung der Angaben mittels elektronischer Datenverarbeitung geführt werden. Das Betriebstagebuch muss jederzeit einsehbar sein und in Klarschrift vorgelegt werden können.

Der Betreiber hat die in das Betriebstagebuch eingestellten Angaben der zuständigen Behörde sowie im Rahmen der Überprüfung dem öffentlich bestellten und vereidigten Sachverständigen oder der akkreditierten Inspektionsstelle Typ A jederzeit in Klarschrift auf Verlangen vorzulegen. Der Betreiber hat das Betriebstagebuch samt Anlagen jeweils beginnend mit dem Datum der Einstellung des letzten Eintrags fünf Jahre aufzubewahren.

3.39 Verpackungsmaschinen

Wiederkehrende Prüfung von Verpackungsmaschinen	Prüfintervall	Anforderung an den Prüfer	Rechtsnorm
Sicht- und Funktionsprüfung	mindestens einmal jährlich	Sachkundiger	DGUV Regel 100-500 [104]

Funktionsprüfung

DGUV Regel 100-500 „Betreiben von Arbeitsmitteln" [104] Kapitel 2.37 Pkt. 3.5

Versicherte müssen arbeitstäglich nach dem ersten Ingangsetzen von Verpackungs- und Verpackungshilfsmaschinen die Funktionstüchtigkeit von Schutzeinrichtungen und Absaugeinrichtungen prüfen.

Wiederkehrende Prüfung

DGUV Regel 100-500 „Betreiben von Arbeitsmitteln" [104] Kapitel 2.37 Pkt. 3.6

Der Unternehmer hat dafür zu sorgen, dass Schutzeinrichtungen, Verriegelungen und Kopplungen an Verpackungs- und Verpackungshilfsmaschinen in regelmäßigen Zeitabständen, mindestens jedoch einmal jährlich, durch einen

Sachkundigen auf ihren sicheren Zustand hin geprüft werden.

Sachkundiger ist, wer aufgrund seiner fachlichen Ausbildung und Erfahrung ausreichende Kenntnisse auf dem Gebiet der Verpackungs- und Verpackungshilfsmaschinen hat und mit den einschlägigen staatlichen Arbeitsschutzvorschriften, Unfallverhütungsvorschriften und allgemein anerkannten Regeln der Technik (z. B. BG-Regeln, DIN-Normen, VDE-Bestimmungen, technische Regeln anderer Mitgliedstaaten der Europäischen Union oder der Türkei oder anderer Vertragsstaaten des Abkommens über den Europäischen Wirtschaftsraum) soweit vertraut ist, dass er den arbeitssicheren Zustand der Verpackungs- und Verpackungshilfsmaschinen beurteilen kann.

Die regelmäßige Prüfung ist im Wesentlichen eine Sicht- und Funktionsprüfung. Sie erstreckt sich auf die Prüfung der Vollständigkeit und Wirksamkeit der Schutzeinrichtungen, Verriegelungen und Kopplungen.

Der Unternehmer hat dafür zu sorgen, dass Einrichtungen, mit denen gesundheitsgefährliche Stoffe oder Zubereitungen abgesaugt werden, vor der ersten Inbetriebnahme und nach wesentlichen Änderungen durch einen Sachkundigen auf Wirksamkeit hin geprüft werden.

Prüfnachweis

DGUV Regel 100-500 „Betreiben von Arbeitsmitteln" [104] Kapitel 2.37 Pkt. 3.6.3

Der Unternehmer hat dafür zu sorgen, dass das Ergebnis der Prüfungen in einer Prüfbescheinigung festgehalten wird, die bis zur nächsten Prüfung aufzubewahren ist. Dies wird z. B. durch Eintrag in ein Prüfbuch, eine Maschinendatei oder durch eine Prüfplakette erreicht.

Checklisten und Vorlagen

Checkliste wiederkehrende Prüfung von Verpackungsmaschinen [161]

3.40 Vormals VAwS-Anlagen (Anlagen nach der neuen AwSV)

Wiederkehrende Prüfung außerhalb von Schutzgebieten und festgesetzten oder vorläufig gesicherten Überschwemmungsgebieten	Prüffrist	Anforderungen an den Prüfer	Rechtsnorm
unterirdische Anlagen mit flüssigen oder gasförmigen wassergefährdenden Stoffen (Gefährdungsstufe A, B, C, D)	alle 5 Jahre	Sachverständiger	AwSV [160]
oberirdische Anlagen mit flüssigen oder gasförmigen wassergefährdenden Stoffen einschließlich Heizölverbraucheranlagen (Gefährdungsstufe C, D)	alle 5 Jahre		
Anlagen mit festen wassergefährdenden Stoffen (unterirdische Anlagen und Anlagen im Freien bei über 1000 t)	alle 5 Jahre		

Wiederkehrende Prüfung außerhalb von Schutzgebieten und festgesetzten oder vorläufig gesicherten Überschwemmungsgebieten	Prüffrist	Anforderungen an den Prüfer	Rechtsnorm
Anlagen zum Umschlagen wassergefährdender Stoffe im intermodalen Verkehr (Anlagen über 100 t umgeschlagener Stoffe pro Arbeitstag)	alle 5 Jahre	Sachverständiger	AwSV [160]
Anlagen mit aufschwimmenden flüssigen Stoffen (über 1000 m³)	alle 5 Jahre		
Biogasanlagen (über 1000 m³)	alle 5 Jahre		
Abfüll- und Umschlaganlagen sowie Anlagen zum Laden und Löschen von Schiffen (Gefährdungsstufe B)	alle 10 Jahre		
Abfüll- und Umschlaganlagen sowie Anlagen zum Laden und Löschen von Schiffen (Gefährdungsstufe C, D)	alle 5 Jahre		

Wiederkehrende Prüfung in Schutzgebieten und festgesetzten oder vorläufig gesicherten Überschwemmungsgebieten	Prüffrist	Anforderungen an den Prüfer	Rechtsnorm
unterirdische Anlagen mit flüssigen oder gasförmigen wassergefährdenden Stoffen (Gefährdungsstufe A, B, C, D)	alle 30 Monate	Sachverständiger	AwSV [160]
oberirdische Anlagen mit flüssigen oder gasförmigen wassergefährdenden Stoffen, einschließlich oberirdischer Heizölverbraucheranlagen (Gefährdungsstufe B, C und D)	alle 5 Jahre		
Anlagen mit festen wassergefährdenden Stoffen (unterirdische Anlagen und Anlagen im Freien über 1000 t)	alle 5 Jahre		
Anlagen zum Umschlagen wassergefährdender Stoffe im intermodalen Verkehr (über 100 t umgeschlagener Stoffe pro Arbeitstag)	alle 5 Jahre		
Anlagen mit aufschwimmenden flüssigen Stoffen (über 1000 m³)	alle 5 Jahre		

Wiederkehrende Prüfung in Schutzgebieten und festgesetzten oder vorläufig gesicherten Überschwemmungsgebieten	Prüffrist	Anforderungen an den Prüfer	Rechtsnorm
Biogasanlagen (über 1000 m³)	alle 5 Jahre	Sachverständiger	AwSV [160]
Abfüll- und Umschlaganlagen sowie Anlagen zum Laden und Löschen von Schiffen (Gefährdungsstufe B, C und D)	alle 5 Jahre		

Die Prüfung von Anlagen zum Umgang mit wassergefährdenden Stoffen war früher bundeslandabhängig in den jeweiligen VAwS-Anlagenverordnungen geregelt. Seitdem die Verordnung über Anlagen zum Umgang mit wassergefährdenden Stoffen (AwSV) [160] am 1. August 2017 in Kraft getreten ist, sind die Anforderungen an den Umgang mit wassergefährdenden Stoffen nun bundesweit einheitlich in deren Anlagen 5 und 6 geregelt. Die Prüfungen sind dabei abhängig vom Anlagentyp vor Inbetriebnahme oder nach einer wesentlichen Änderung, wiederkehrend und bei Stilllegung einer Anlage durchzuführen.

Überwachungs- und Prüfpflichten des Betreibers

Verordnung über Anlagen zum Umgang mit wassergefährdenden Stoffen (AwSV) [160] § 46

Der Betreiber hat die Dichtheit der Anlage und die Funktionsfähigkeit der Sicherheitseinrichtungen regelmäßig zu kontrollieren. Die zuständige Behörde kann im Einzelfall anordnen, dass der Betreiber einen Überwachungsvertrag mit einem Fachbetrieb abschließt, wenn er selbst nicht die erforderliche Sachkunde besitzt und auch nicht über sachkundiges Personal verfügt.

Betreiber haben

- Anlagen außerhalb von Schutzgebieten und außerhalb von festgesetzten oder vorläufig gesicherten Überschwemmungsgebieten nach Maßgabe der in Anlage 5 und
- Anlagen in Schutzgebieten und in festgesetzten oder vorläufig gesicherten Überschwemmungsgebieten nach Maßgabe der in Anlage 6

geregelten Prüfzeitpunkte und -intervalle auf ihren ordnungsgemäßen Zustand prüfen zu lassen. Ausnahme: Die Prüfung entfällt, wenn die Anlage der Forschung, Entwicklung oder Erprobung neuer Einsatzstoffe, Brennstoffe, Erzeugnisse oder Verfahren dient und nicht länger als ein Jahr betrieben wird.

Die Fristen für die wiederkehrenden Prüfungen beginnen mit dem Abschluss der Prüfung vor Inbetriebnahme oder nach einer wesentlichen Änderung. Zur Wahrung der Fristen der wiederkehrenden Prüfungen ist es ausreichend, die Prüfungen bis zum Ende des Fälligkeitsmonats durchzuführen.

Die zuständige Behörde kann unabhängig von den sich aus den Anlagen ergebenden Prüfzeitpunkten und -intervallen eine einmalige Prüfung oder wiederkehrende Prüfungen anordnen, insbesondere wenn die Besorgnis einer nachteiligen Veränderung von Gewässereigenschaften besteht.

Betreiber haben Anlagen, bei denen ein erheblicher oder ein gefährlicher Mangel festgestellt worden ist, nach Beseitigung des Mangels erneut prüfen zu lassen.

Weiter gehende Regelungen, insbesondere in einer Eignungsfeststellung (§ 63 Absatz 1 WHG [23]) bleiben unberührt.

Im Rahmen der AwSV [160] wurden für bestehende Anlagen unterschiedliche Anforderungen/Prüffristen festgelegt (§§ 68-70).

Neu ist insbesondere: Bestehende Anlagen, die gemäß Anlage 5 oder Anlage 6 einer wiederkehrenden Prüfung unterliegen, die aber nach den landesrechtlichen Vorschriften vor dem 1. August 2017 nicht wiederkehrend prüfpflichtig waren, sind nun innerhalb der folgenden Fristen erstmals zu prüfen:

- Anlagen, die vor dem 1. Januar 1971 in Betrieb genommen wurden, bis zum 1. August 2019
- Anlagen, die im Zeitraum vom 1. Januar 1971 bis zum 31. Dezember 1975 in Betrieb genommen wurden, bis zum 1. August 2021
- Anlagen, die im Zeitraum vom 1. Januar 1976 bis zum 31. Dezember 1982 in Betrieb genommen wurden, bis zum 1. August 2023
- Anlagen, die im Zeitraum vom 1. Januar 1983 bis zum 31. Dezember 1993 in Betrieb genommen wurden, bis zum 1. August 2025
- Anlagen, die nach dem 31. Dezember 1993 in Betrieb genommen wurden, bis zum 1. August 2027

Prüfung durch Sachverständige

Verordnung über Anlagen zum Umgang mit wassergefährdenden Stoffen (AwSV) [160] § 47

Die wiederkehrenden Prüfungen von Anlagen nach der AwSV [160] dürfen nur von Sachverständigen durchgeführt werden. Diese haben die Anlage auf Grund des Ergebnisses der Prüfungen in eine der folgenden Klassen einzustufen:

- ohne Mangel
- mit geringfügigem Mangel
- mit erheblichem Mangel oder
- mit gefährlichem Mangel

Der Sachverständige hat der zuständigen Behörde über das Ergebnis jeder von ihm durchgeführten Prüfung innerhalb von vier Wochen nach Durchführung der Prüfung einen Prüfbericht vorzulegen. Über einen gefährlichen Mangel hat er die zuständige Behörde unverzüglich zu unterrichten. Der Prüfbericht muss Angaben zu Folgendem enthalten:

1. zum Betreiber
2. zum Standort
3. zur Anlagenidentifikation
4. zur Anlagenzuordnung
5. zu den wassergefährdenden Stoffen, mit denen in der Anlage umgegangen wird
6. zu behördlichen Zulassungen
7. zum Sachverständigen und zu der Sachverständigenorganisation, die ihn bestellt hat
8. zu Art und Umfang der Prüfung
9. dazu, ob die Prüfung der gesamten Anlage abgeschlossen ist oder welche Anlagenteile noch nicht geprüft wurden
10. zu Art und Umfang der festgestellten Mängel
11. zu Datum und Ergebnis der Prüfung
12. zu erforderlichen Maßnahmen und zu einem Vorschlag für eine angemessene Frist für ihre Umsetzung oder zur Erforderlichkeit der Erarbeitung eines Instandsetzungskonzeptes
13. zum Datum der nächsten Prüfung und
14. zu einer erfolgreichen Beseitigung festgestellter Mängel bei Nachprüfungen

Die obigen Angaben zu Nummern 1, 2, 3, 9, 11 und 13 sind auf der ersten Seite des Prüfberichts in optisch deutlich hervorgehobener Form darzustellen.

Stuft der Sachverständige eine Heizölverbraucheranlage nach Abschluss ihrer Prüfung in die Klasse „ohne Mangel" oder „mit geringfügem

Mangel" ein, hat er auf der Anlage an gut sichtbarer Stelle eine Plakette anzubringen, aus der das Datum der Prüfung und das Datum der nächsten Prüfung ersichtlich sind.

Bei der Prüfung einer Heizölverbraucheranlage hat der Sachverständige dem Betreiber das Merkblatt nach Anlage 3 der AwSV [160] auszuhändigen, sofern an der Anlage ein solches Merkblatt nicht bereits aushängt.

Beseitigung von Mängeln

Verordnung über Anlagen zum Umgang mit wassergefährdenden Stoffen (AwSV) [160] § 48

Werden bei Prüfungen durch einen Sachverständigen geringfügige Mängel festgestellt, hat der Betreiber diese Mängel innerhalb von sechs Monaten und, soweit erforderlich, durch einen Fachbetrieb zu beseitigen. Erhebliche und gefährliche Mängel sind dagegen unverzüglich zu beseitigen.

Hat der Sachverständige bei seiner Prüfung einen gefährlichen Mangel festgestellt, hat der Betreiber die Anlage unverzüglich außer Betrieb zu nehmen und, soweit dies nach Feststellung des Sachverständigen erforderlich ist, zu entleeren. Die Anlage darf erst wieder in Betrieb genommen werden, wenn der zuständigen Behörde eine Bestätigung des Sachverständigen über die erfolgreiche Beseitigung der festgestellten Mängel vorliegt.

3.41 Wandhydranten

Bei Wandhydranten unterscheidet man zwischen Steigleitungen trocken, nass oder nass/trocken. Trockene Steigleitungen sind leer. Im Brandfall werden sie durch ein Löschfahrzeug der Feuerwehr und Hydranten befüllt und dann zur Brandbekämpfung eingesetzt. Bei Wandhydranten mit nassen Steigleitungen ist eine mit Wasser befüllte und unter Druck stehende Leitung an einen Wandhydrantenschrank angeschlossen. Diese Steigleitungen sind immer einsatzbereit. Sie können im Brandfall von der Feuerwehr oder von anderen zum Löschen benutzt werden. Bei der Mischform nass/trocken wird das Wasser erst im Bedarfsfall (meist über elektrischen Kontakt, durch Fernbetätigung von Armaturen) in die Leitung geführt, d. h. die Leitungen sind nicht dauerhaft mit Wasser gefüllt.

Die detaillierten Anforderungen an die Prüfungen sind in der DIN 14462 Teil 2 [163] für trockene Steigleitungen und in der DIN 14461 Teil 1 [162] für Steigleitungen nass oder nass/trocken beschrieben.

Wiederkehrende Prüfungen von Wandhydranten	Prüfintervalle	Anforderungen an den Prüfer	Rechtsnormen
Steigleitung trocken (z. B. Dichtheit, Wasserdurchfluss)	alle 2 Jahre	Sachkundiger	DIN 14462 Teil 2 [163]
Steigleitung nass oder nass/trocken (z. B. Gängigkeit von Tür, Haspel und Handrad)	jährlich	Sachkundiger	DIN 14461 Teil 1 [162]

3.42 Wasserversorgung für gewerbliche Tätigkeiten

Wiederkehrende Prüfungen von Wasserversorgungsanlagen	Prüfintervalle	Anforderungen an den Prüfer	Rechtsnorm
Mobile Versorgungsanlagen	in der vom Gesundheitsamt festgelegten Häufigkeit	zugelassene Untersuchungsstelle	TrinkwV [165]
Anlagen zur ständigen Wasserverteilung	alle 3 Jahre, wenn das Trinkwasser im Rahmen einer gewerblichen, nicht aber öffentlichen Tätigkeit abgegeben wird	zugelassene Untersuchungsstelle	TrinkwV [165]
Anlagen zur ständigen Wasserverteilung	ansonsten mindestens einmal jährlich, sofern nicht das Gesundheitsamt ein längeres Untersuchungsintervall festlegt	zugelassene Untersuchungsstelle	TrinkwV [165]

Untersuchungspflichten in Bezug auf Legionella spec.

Trinkwasserverordnung [165] § 14 b

Der Unternehmer und der sonstige Inhaber einer Wasserversorgungsanlage nach § 3 Nummer 2 Buchstabe d (mobile Versorgungsanlage) oder Buchstabe e (Anlage zur ständigen Wasserverteilung) haben das Trinkwasser in der Wasserversorgungsanlage auf den Parameter Legionella spec. durch systemische Untersuchungen zu untersuchen oder untersuchen zu lassen, wenn

- aus der Wasserversorgungsanlage Trinkwasser im Rahmen einer gewerblichen oder öffentlichen Tätigkeit abgegeben wird,
- sich in der Wasserversorgungsanlage eine Großanlage zur Trinkwassererwärmung befindet und
- die Wasserversorgungsanlage Duschen oder andere Einrichtungen enthält, in denen es zu einer Vernebelung des Trinkwassers kommt.

Der Unternehmer und der sonstige Inhaber einer Wasserversorgungsanlage haben die Untersuchungen durch eine zugelassene Untersuchungsstelle durchführen zu lassen. Ein Untersuchungsauftrag muss sich auch auf die jeweils dazugehörende Probennahme erstrecken.

Die Proben für die Untersuchungen müssen an mehreren repräsentativen Probennahmestellen entsprechend den allgemein anerkannten Regeln der Technik entnommen werden. Die Einhaltung dieser Regeln bei der Probennahme wird vermutet, wenn DIN EN ISO 19458 [166] eingehalten worden ist. Der Unternehmer und der sonstige Inhaber der Wasserversorgungsanlage haben sicherzustellen, dass an der Wasserversorgungsanlage geeignete Probennahmestellen vorhanden sind.

Die Untersuchungen sind in folgender Häufigkeit durchzuführen:

- bei Wasserversorgungsanlagen nach § 3 Nummer 2 Buchstabe d in der vom Gesundheitsamt festgelegten Häufigkeit
- bei Wasserversorgungsanlagen nach § 3 Nummer 2 Buchstabe e
  - mindestens alle drei Jahre, wenn das Trinkwasser im Rahmen einer gewerblichen, nicht aber öffentlichen Tätigkeit abgegeben wird
  - im Übrigen mindestens einmal jährlich, sofern nicht das Gesundheitsamt ein längeres Untersuchungsintervall festlegt

Sind bei den vorgenannten jährlichen Untersuchungen in drei aufeinanderfolgenden Jahren keine Beanstandungen festgestellt worden, so kann das Gesundheitsamt auch längere Untersuchungsintervalle von bis zu drei Jahren festlegen, sofern die Anlage und ihre Betriebsweise nicht verändert wurden und nachweislich den allgemein anerkannten Regeln der Technik entsprechen. Dies gilt nicht für Wasserversorgungsanlagen in Einrichtungen, in denen sich Patienten mit höherem Risiko für Infektionen mit Legionella spec. befinden, zum Beispiel Pflegeeinrichtungen.

Die erste Untersuchung ist bei einer ab dem 9. Januar 2018 neu in Betrieb genommenen Wasserversorgungsanlage innerhalb von drei bis zwölf Monaten nach der Inbetriebnahme durchzuführen.

3.43 Winden, Hub-/Zuggeräte

Wiederkehrende Prüfung von Winden, Hub-/Zuggeräten	Prüfintervall	Anforderung an den Prüfer	Rechtsnorm
Geräte einschließlich der Tragkonstruktion sowie Seilblöcke	mindestens einmal jährlich	Sachkundiger	DGUV Vorschrift 54 [167]

Prüfung vor der ersten Inbetriebnahme und nach wesentlichen Änderungen

DGUV Vorschrift 54 „Winden, Hub- und Zuggeräte" [167] § 23

Der Unternehmer hat dafür zu sorgen, dass Geräte einschließlich der Tragkonstruktion sowie Seilblöcke vor der ersten Inbetriebnahme auf die ordnungsgemäße Aufstellung und Betriebsbereitschaft hin durch einen Sachkundigen geprüft werden. Selbiges gilt nach wesentlichen Änderungen vor der Wiederinbetriebnahme.

Wiederkehrende Prüfung

DGUV Vorschrift 54 „Winden, Hub- und Zuggeräte" [167] § 23

Der Unternehmer hat dafür zu sorgen, dass Geräte einschließlich der Tragkonstruktion sowie Seilblöcke mindestens einmal jährlich durch einen Sachkundigen geprüft werden. Im Rahmen der Prüfung von kraftbetriebenen Seil- und Kettenzügen zum Heben von Lasten sowie von kraftbetriebenen Kranhubwerken ist dabei grundsätzlich der verbrauchte Anteil der theoretischen Nutzungsdauer zu ermitteln. Erforderlichenfalls hat der Unternehmer damit einen Sachverständigen zu beauftragen.

Eine Ermittlung des verbrauchten Anteils der theoretischen Nutzungsdauer ist nicht erforderlich, wenn

- bei Versagen von Bauteilen durch technische Maßnahmen ein Lastabsturz verhindert ist,
- die Geräte nur in abgesperrten Bereichen zum Einsatz kommen, zu denen Personen keinen Zutritt haben,
- durch geeignete Prüfverfahren Schäden, die zu einem Lastabsturz führen können, rechtzeitig erkannt und beseitigt werden, oder
- bei kraftbetriebenen Kranhubwerken, die keine Serienhebezeuge sind und regelmäßig durch Sachverständige geprüft werden, durch eine zustandsbezogene Instandhaltung Schäden, die zu einem Lastabsturz führen können, rechtzeitig erkannt und beseitigt werden. Die hierzu geeignete Form der Instandhaltung muss entweder durch den Hersteller oder durch einen Sachverständigen vorgegeben sein. Das Prüfintervall der Sachverständigenprüfung darf vier Jahre nicht überschreiten.

Darüber hinaus hat der Unternehmer Geräte einschließlich der Tragkonstruktion sowie Seilblöcke entsprechend den Einsatzbedingungen und den betrieblichen Verhältnissen nach Bedarf zwischenzeitlich durch einen Sachkundigen prüfen zu lassen.

Prüfnachweis

DGUV Vorschrift 54 „Winden, Hub- und Zuggeräte" [167] § 23a

Der Unternehmer hat dafür zu sorgen, dass über die Ergebnisse der Prüfung von Geräten nach § 23 der DGUV Vorschrift 54 [167] ein Nachweis geführt wird.

Die Ergebnisse der Prüfungen von kraftbetriebenen Seil- und Kettenzügen zum Heben von Lasten sowie von kraftbetriebenen Kranhubwerken müssen in ein Prüfbuch eingetragen werden.

Checklisten und Vorlagen

Checkliste wiederkehrende Prüfung Winden-, Hub- und Zuggeräte einschließlich Tragkonstruktion sowie Seilblöcke [169]

3.44 Zerspanungsmaschinen

Wiederkehrende Prüfung von Zerspanungsmaschinen	Prüfintervall	Anforderung an den Prüfer	Rechtsnorm
Wiederkehrende Prüfung	vom Betreiber festgelegt	befähigte Person	DGUV Information 209-066 [168]

Prüfungen allgemein

DGUV Information 209-066 „Maschinen der Zerspanung" [168] Pkt. 8

Der Arbeitgeber/Betreiber von Zerspanungsmaschinen muss Art, Umfang und Fristen erforderlicher Prüfungen zur Maschinensicherheit ermitteln.

Empfehlenswert ist die Hinzuziehung von Servicediensten der Maschinenhersteller oder Lieferer.

Hinsichtlich der Durchführung der Prüfungen und der Prüfanlässe verweist die DGUV Information 209-066 [168] auf die Betriebssicherheitsverordnung (BetrSichV) [4]. Demnach müssen Zerspanungsmaschinen nach der Montage, vor der ersten Inbetriebnahme, nach jeder Montage an einem neuen Standort, nach außergewöhnlichen Ereignissen und in den vom Arbeitgeber/Betreiber festgelegten Prüfintervallen wiederkehrend durch eine hierzu befähigte Personen geprüft werden.

Prüfnachweis

DGUV Information 209-066 „Maschinen der Zerspanung" [168] Pkt. 8.5

Der Arbeitgeber/Betreiber hat die Ergebnisse der Prüfungen aufzuzeichnen (schriftlicher Nachweis). Die Aufzeichnungen sind mindestens bis zur nächsten Prüfung aufzubewahren.

Die Betriebssicherheitsverordnung (BetrSichV) [4] erleichtert damit den Archivierungsaufwand. Die DGUV Information 209-066 [168] empfiehlt jedoch, davon keinen Gebrauch zu machen, um für die befähigten Personen bessere Erfahrungswerte für Folgeprüfungen und ggf. auch für die vorbeugende Instandhaltung zu sammeln.

Prüfung auf augenfällige Mängel

DGUV Information 209-066 „Maschinen der Zerspanung" [168] Pkt. 8.6

Neben den Prüfungen durch befähigte Personen sind Zerspanungsmaschinen vor Schichtbeginn auf augenfällige, d. h. offensichtliche Mängel hin durch Bedienpersonen/Maschinenführer zu überprüfen, um Gefahren für Menschen und Maschinen rechtzeitig erkennen und beheben zu können, bevor es zu Unfällen oder Schäden kommt.

Festgestellte Mängel sollten dem Vorgesetzten in Schriftform gemeldet werden.

Neue Prüfkonzepte

DGUV Information 209-066 „Maschinen der Zerspanung" [168] Pkt. 8.7

Die Betriebssicherheitsverordnung (BetrSichV) [4] öffnet die Prüfintervalle in Richtung belastungsbezogener Prüfungen. Bei entsprechenden Kenntnissen können die bekannten wiederkehrenden Prüfintervalle möglicherweise verlängert werden. Längere als in den Unfallverhütungsvorschriften und BG-Regeln vorgeschriebene Prüfintervalle müssen jedoch begründet werden bzw. der Arbeitgeber/Betreiber trägt die Verantwortung für verlängerte Prüfintervalle. Hierzu könnte er z. B. die Erfahrungen der Servicedienste der Hersteller oder Sachkundiger oder ggf. Sachverständiger nutzen.

Bei der Beschaffung neuer Arbeitsmittel/Zerspanungsmaschinen bietet sich an, bestimmte Prüfungen bzw. Prüfintervalle in Lasten- und Pflichtenheften näher zu beschreiben bzw. bewusst vorzugeben.

Empfehlenswert ist, in Prüfkonzepten nicht nur die Prüfbestimmungen zutreffender Vorschriften umzusetzen, sondern Gesamtkonzepte zu erstellen, in die sowohl Hinweise der Hersteller zu Verschleißteilen, Hilfsstoffen, Wartungsempfehlungen usw. als auch eigene Erfahrungswerte einbezogen werden.

Bei der Anwendung von Gesamtkonzepten für Prüfungen zur Maschinensicherheit ermöglicht die BetrSichV [4], von wiederkehrenden zu belastungsbezogenen Prüfstrukturen überzugehen.

Checklisten und Vorlagen

Checkliste für Sicht- und Funktionsprüfungen von handgesteuerten Bohrmaschinen [170]

Literaturverzeichnis

[1] DIN 31051 „Grundlagen der Instandhaltung":
https://www.beuth.de/de/norm/din-31051/154459920

[2] ISO 19600 „Compliance Management Systeme (CMS)":
http://www.beuth.de/de/norm/iso-19600/228104966?SearchID=957767356

[3] DIN EN ISO 14001 „Umweltmanagementsysteme – Anforderungen mit Anleitung zur Anwendung": https://alexandrina.eco-compliance.de/x/2ABw

[4] Betriebssicherheitsverordnung (BetrSichV): https://alexandrina.eco-compliance.de/x/cIYV

[5] Bekanntmachung zur Betriebssicherheit „Beschaffung von Arbeitsmitteln" (BekBS 1113): https://alexandrina.eco-compliance.de/x/6opY

[6] TRBS 1203 „Befähigte Personen": https://alexandrina.eco-compliance.de/x/koQV

[7] DGUV Information 203-002 „Elektrofachkräfte": https://alexandrina.eco-compliance.de/x/2oUV

[8] DGUV Grundsatz 303-001 „Ausbildungskriterien für festgelegte Tätigkeiten im Sinne der Durchführungsanweisungen zur Unfallverhütungsvorschrift ‚Elektrische Anlagen und Betriebsmittel'": https://alexandrina.eco-compliance.de/x/CwJw

[9] Aktiengesetz (AktG): https://alexandrina.eco-compliance.de/x/bIOQ

[10] DGUV Information 215-830 „Einsatz von Fremdfirmen im Rahmen von Werkverträgen": https://alexandrina.eco-compliance.de/x/LIYV

[11] DGUV Vorschrift 3 „Elektrische Anlagen und Betriebsmittel": https://alexandrina.eco-compliance.de/x/doUV

[12] VDE 0105-100 „Betrieb von elektrischen Anlagen":
http://www.beuth.de/de/norm/din-vde-0105-100/238330555

[13] VDE 1000-10 „Anforderungen an die im Bereich der Elektrotechnik tätigen Personen":
http://www.beuth.de/de/norm/din-vde-1000-10/112542622

[14] Produktsicherheitsgesetz (ProdSG): https://alexandrina.eco-compliance.de/x/xIIV

[15] DGUV Regel 103-003 „Arbeiten in umschlossenen Räumen von abwassertechnischen Anlagen": https://alexandrina.eco-compliance.de/x/nYUV

[16] TRGS 507 „Oberflächenbehandlung in Räumen und Behältern":
https://alexandrina.eco-compliance.de/x/pYQV

[17] TRBS 1112 „Instandhaltung": https://alexandrina.eco-compliance.de/x/hoQV

[18] DIN 4045:2016-11 „Abwassertechnik – Grundbegriffe":
http://www.beuth.de/de/norm/din-4045/255420947

[19] Gesetz über die Durchführung von Maßnahmen des Arbeitsschutzes zur Verbesserung der Sicherheit und des Gesundheitsschutzes der Beschäftigten bei der Arbeit (ArbSchG): https://alexandrina.eco-compliance.de/x/eoIV

[20] Gefahrstoffverordnung (GefStoffV): https://alexandrina.eco-compliance.de/x/hoYV

[21] Richtlinie 2014/34/EU des Europäischen Parlaments und des Rates vom 26. Februar 2014 zur Harmonisierung der Rechtsvorschriften der Mitgliedstaaten für Geräte und Schutzsysteme zur bestimmungsgemäßen Verwendung in explosionsgefährdeten Bereichen (ATEX-Richtlinie/Explosionsschutzrichtlinie): https://alexandrina.eco-compliance.de/x/Kocu

[22] Eigenkontrollverordnung Baden-Württemberg (EKVO BW):
https://alexandrina.eco-compliance.de/x/IgIM

[23] Wasserhaushaltsgesetz (WHG): https://alexandrina.eco-compliance.de/x/4oIV

[24] Eigenüberwachungsverordnung Bayern (EÜV Bay):
https://alexandrina.eco-compliance.de/x/8AMM

[25] Berliner Wassergesetz (BWG): https://alexandrina.eco-compliance.de/x/UQQM

[26] Brandenburgisches Wassergesetz (BbgWG):
https://alexandrina.eco-compliance.de/x/5AQM

[27] Hamburgisches Abwassergesetz (HmbAbwG):
https://alexandrina.eco-compliance.de/x/0gUM

[28] Abwassereigenkontrollverordnung Hessen (EKVO HE):
https://alexandrina.eco-compliance.de/x/HwYM

[29] Verordnung über Anforderungen an das Einleiten von Abwasser in Gewässer (AbwV):
https://alexandrina.eco-compliance.de/x/ZIYV

[30] Selbstüberwachungsverordnung Mecklenburg-Vorpommern (SÜVO MV):
https://alexandrina.eco-compliance.de/x/TwYM

[31] Niedersächsisches Wassergesetz (NWG):
https://alexandrina.eco-compliance.de/x/ZwYM

[32] Selbstüberwachungsverordnung Abwasser Nordrhein-Westfalen (SüwVOAbw NRW):
https://alexandrina.eco-compliance.de/x/-AAI

[33] Selbstüberwachungsverordnung Rheinland-Pfalz (SÜVOA RP): https://alexandrina.eco-compliance.de/x/twYM

[34] Eigenkontrollverordnung Saarland (EKVO Srl): https://alexandrina.eco-compliance.de/x/qQcM

[35] Eigenkontrollverordnung Sachsen (EigenkontrollVO Sachsen): https://alexandrina.eco-compliance.de/x/_AYM

[36] DIN 1986 Teil 30 „Entwässerungsanlagen für Gebäude und Grundstücke": https://www.beuth.de/de/publikation/entwaesserung-instandhaltung/150806046

[37] Eigenüberwachungsverordnung Sachsen-Anhalt (EigÜVO LSA): https://alexandrina.eco-compliance.de/x/JAcM

[38] Selbstüberwachungsverordnung Schleswig-Holstein (SüVO SH): https://alexandrina.eco-compliance.de/x/VgcM

[39] Thüringer Abwassereigenkontrollverordnung (ThürAbwEKVO): https://alexandrina.eco-compliance.de/x/dgcM

[40] TRBS 1201 Teil 1 „Prüfung von Anlagen in explosionsgefährdeten Bereichen und Überprüfung von Arbeitsplätzen in explosionsgefährdeten Bereichen": https://alexandrina.eco-compliance.de/x/jYQV

[41] DGUV Regel 109-005 „Gebrauch von Anschlag-Drahtseilen": https://alexandrina.eco-compliance.de/x/noUV

[42] Checkliste wiederkehrende Prüfung von Anschlag-Drahtseilen: https://alexandrina.eco-compliance.de/x/ggFI

[43] DGUV Regel 109-006 „Gebrauch von Anschlag-Faserseilen": https://alexandrina.eco-compliance.de/x/n4UV

[44] Checkliste wiederkehrende Prüfung von Anschlag-Faserseilen: https://alexandrina.eco-compliance.de/x/9QNI

[45] TRBS 1201 „Prüfungen von Arbeitsmitteln und überwachungsbedürftigen Anlagen": https://alexandrina.eco-compliance.de/x/jIQV

[46] Checkliste wiederkehrende Prüfung von Anschlag-Ketten: https://alexandrina.eco-compliance.de/x/UQVI

[47] TRBS 1201 Teil 4 „Prüfung von überwachungsbedürftigen Anlagen – Prüfung von Aufzugsanlagen": https://alexandrina.eco-compliance.de/x/kIQV

[48] TRBS 3121 „Betrieb von Aufzugsanlagen": https://alexandrina.eco-compliance.de/x/gIQV

[49] Checkliste Hauptprüfung von Aufzugsanlagen: https://alexandrina.eco-compliance.de/x/sgFl

[50] Checkliste Zwischenprüfung von Aufzugsanlagen: https://alexandrina.eco-compliance.de/x/uAFl

[51] DIN EN 62305-3/VDE 0185-305-3 „Schutz von baulichen Anlagen und Personen": http://bit.ly/2fZhUDX

[52] Qualifikation Blitzschutzfachkraft: http://bit.ly/2fZfcOP

[53] Definition Blitzschutzklassen: https://de.wikipedia.org/wiki/Blitzschutz

[54] DIN EN 62305-2/VDE 0185-305-2 „Risiko-Management": http://bit.ly/2fZnGVW

[55] Muster-Prüfverordnung (MPrüfVO): https://alexandrina.eco-compliance.de/x/TYJN

[56] Bayerische Verordnung über Prüfungen von sicherheitstechnischen Anlagen und Einrichtungen (SPrüfV Bay): https://alexandrina.eco-compliance.de/x/XwAI

[57] Berliner Verordnung über den Betrieb von baulichen Anlagen (BetrVO Bln): https://alexandrina.eco-compliance.de/x/PolY

[58] Brandenburgische Sicherheitstechnische Gebäudeausrüstungs-Prüfverordnung (BbgSGPrüfV): https://alexandrina.eco-compliance.de/x/OlIY

[59] Bremische Anlagenprüfverordnung (BremAnlPrüfV): https://alexandrina.eco-compliance.de/x/MolY

[60] Prüfverordnung Hamburg (PVO HH): https://alexandrina.eco-compliance.de/x/IolY

[61] Technische Prüfverordnung Hessen (TPrüfVO HE): https://alexandrina.eco-compliance.de/x/sodY

[62] Verordnung über die Prüfingenieurinnen, Prüfingenieure, Prüfsachverständigen und die Prüfung technischer Anlagen von Mecklenburg-Vorpommern (BauPrüfVO MV): https://alexandrina.eco-compliance.de/x/ihGw

[63] Allgemeine Durchführungsverordnung zur Niedersächsischen Bauordnung (DVO-NBauO): https://alexandrina.eco-compliance.de/x/NYlY

[64] Prüfverordnung Nordrhein-Westfalen (PrüfVO NRW): https://alexandrina.eco-compliance.de/x/-wA6

[65] Landesverordnung über die Prüfung haustechnischer Anlagen und Einrichtungen (HTechAnlV RP): https://alexandrina.eco-compliance.de/x/L4lY

[66] Technische Prüfverordnung Saarland (TPrüfVO Srl): https://alexandrina.eco-compliance.de/x/H4lY

[67] Sächsische Technische Prüfverordnung (SächsTechPrüfVO): https://alexandrina.eco-compliance.de/x/JYlY

[68] Verordnung über technische Anlagen und Einrichtungen nach Bauordnungsrecht (TAnlVO LSA): https://alexandrina.eco-compliance.de/x/LIlY

[69] Prüfverordnung Schleswig-Holstein (PrüfVO SH): https://alexandrina.eco-compliance.de/x/O4lY

[70] Thüringer Prüfverordnung (ThürTechPrüfVO): https://alexandrina.eco-compliance.de/x/F4lY

[71] VDS 2109 „Richtlinien für Sprühwasser-Löschanlagen – Planung und Einbau": http://www.beuth.de/de/technische-regel/vds-2109/165411337

[72] Checkliste Feuerlöscher: https://alexandrina.eco-compliance.de/x/4o2Q

[73] DGUV Regel 105-001 „Einsatz von Feuerlöschanlagen mit sauerstoffverdrängenden Gasen": https://alexandrina.eco-compliance.de/x/moUV

[74] Richtlinie 2014/68/EU des Europäischen Parlaments und des Rates vom 15. Mai 2014 zur Harmonisierung der Rechtsvorschriften der Mitgliedstaaten über die Bereitstellung von Druckgeräten auf dem Markt (Druckgeräterichtlinie): https://alexandrina.eco-compliance.de/x/9wA6

[75] Richtlinie 2010/35/EU des Europäischen Parlaments und des Rates vom 16. Juni 2010 über ortsbewegliche Druckgeräte: https://alexandrina.eco-compliance.de/x/OYQV

[76] Richtlinie 2014/29/EU des Europäischen Parlaments und des Rates vom 26. Februar 2014 zur Harmonisierung der Rechtsvorschriften der Mitgliedstaaten über die Bereitstellung einfacher Druckbehälter auf dem Markt (Druckbehälterrichtlinie): https://alexandrina.eco-compliance.de/x/M4cu

[77] DGUV Information 208-022 „Türen und Tore": https://alexandrina.eco-compliance.de/x/KoYV

[78] TRBS 1201 „Prüfungen von Arbeitsmitteln und überwachungsbedürftigen Anlagen": https://alexandrina.eco-compliance.de/x/jIQV

[79] ASR A2.2 „Maßnahmen gegen Brände": https://alexandrina.eco-compliance.de/x/8IQV

[80] Checkliste wiederkehrende Prüfung von Druckanlagen: https://alexandrina.eco-compliance.de/x/MgJI

[81] Checkliste wiederkehrende Prüfung von Kompressoren: https://alexandrina.eco-compliance.de/x/WAJI

[82] VdS-Richtlinie 2109 „Sprühwasser-Löschanlagen, Planung und Einbau":
https://www.beuth.de/de/technische-regel/vds-2109/165411337

[83] DGUV Vorschrift 3 „Elektrische Anlagen und Betriebsmittel":
https://alexandrina.eco-compliance.de/x/doUV

[84] Beispiel-Checkliste zum Besichtigen von Arbeitsmitteln (ortsveränderlich):
https://alexandrina.eco-compliance.de/x/4wRl

[85] Checkliste allgemeine Prüfung ortsveränderlicher elektrische Betriebsmittel:
https://alexandrina.eco-compliance.de/x/nQFl

[86] Checkliste erweiterte Prüfung ortsveränderlicher elektrischer Arbeitsmittel – Geräte mit sekundärem Spannungsausgang: https://alexandrina.eco-compliance.de/x/5QFl

[87] ASR A1.6 „Fenster, Oberlichter, lichtdurchlässige Wände":
https://alexandrina.eco-compliance.de/x/7lQV

[88] Checkliste für kraftbetätigte Schiebetore und Falttore:
https://alexandrina.eco-compliance.de/x/dQJl

[89] Checkliste wiederkehrende Prüfung kraftbetriebener Rolltore und Rollgitter:
https://alexandrina.eco-compliance.de/x/XgJl

[90] Checkliste wiederkehrende Prüfung von kraftbetätigten Sektionaltoren und Hubtoren:
https://alexandrina.eco-compliance.de/x/ggJl

[91] Verordnung über die Kehrung und Überprüfung von Anlagen (KÜO):
https://alexandrina.eco-compliance.de/x/VYEu

[92] Erste Verordnung zur Durchführung des Bundes-Immissionsschutzgesetzes (Verordnung über kleine und mittlere Feuerungsanlagen – 1. BImSchV):
https://alexandrina.eco-compliance.de/x/UoYV

[93] Gesetz zum Schutz vor schädlichen Umwelteinwirkungen durch Luftverunreinigungen, Geräusche, Erschütterungen und ähnliche Vorgänge (Bundes-Immissionsschutzgesetz – BImSchG): https://alexandrina.eco-compliance.de/x/iYIV

[94] DGUV Vorschrift 70 „Fahrzeuge": https://alexandrina.eco-compliance.de/x/iYUV

[95] Checkliste DGUV-Prüfung von Fahrzeugen: https://alexandrina.eco-compliance.de/x/lQJl

[96] Straßenverkehrs-Zulassungs-Ordnung (StVZO):
https://alexandrina.eco-compliance.de/x/2Iou

[97] DGUV Vorschrift 68 „Flurförderzeuge": https://alexandrina.eco-compliance.de/x/iIUV

[98] Checkliste Arbeitssicherheit Fahrzeuge allgemein:
      https://alexandrina.eco-compliance.de/x/EwII

[99] Checkliste wiederkehrende Prüfung von Fahrzeugen gemäß DGUV Vorschrift 70:
      https://alexandrina.eco-compliance.de/x/IQJI

[100] Checkliste DGUV-Prüfung von Flurförderzeugen:
      https://alexandrina.eco-compliance.de/x/kgFl

[101] Checkliste wiederkehrende Prüfung von Flüssiggasanlagen:
      https://alexandrina.eco-compliance.de/x/FQNl

[102] TRBS 2121 Teil 1 „Gefährdungen von Personen durch Absturz – Bereitstellung und Benutzung von Gerüsten": https://alexandrina.eco-compliance.de/x/clQV

[103] Vorlage Prüfprotokoll vor der ersten Inbetriebnahme von Gerüsten:
      https://alexandrina.eco-compliance.de/x/HIKQ

[104] DGUV Regel 100-500 „Betreiben von Arbeitsmitteln":
      https://alexandrina.eco-compliance.de/x/tYUV

[105] DGUV Information 209-061 „Gebrauch von Hebebändern und Rundschlingen aus Chemiefasern": https://alexandrina.eco-compliance.de/x/LoYV

[106] VDI 2047 Blatt 2 „Rückkühlwerke – Sicherstellung des hygienegerechten Betriebs von Verdunstungskühlanlagen":
      http://www.beuth.de/de/technische-regel/vdi-2047-blatt-2/224206933?SearchID=842772157

[107] Zweiundvierzigste Verordnung zur Durchführung des Bundes-Immissionsschutzgesetzes (Verordnung über Verdunstungskühlanlagen, Kühltürme und Nassabscheider – 42. BImSchV): https://alexandrina.eco-compliance.de/x/7yWw

[108] DGUV Regel 113-20 „Hydraulik-Schlauchleitungen und Hydraulik-Flüssigkeiten – Regeln für den sicheren Einsatz": https://alexandrina.eco-compliance.de/x/eAjC

[109] FBHM-082 „Filtration von Hydraulikflüssigkeiten":
      http://www.dguv.de/medien/fb-holzundmetall/publikationen-dokumente/infoblaetter/infobl_deutsch/082_filtrationhydraulikfluessigkeiten.pdf

[110] DGUV Regel 114-010 „Austauschbare Kipp- und Absetzbehälter":
      https://alexandrina.eco-compliance.de/x/o4UV

[111] Checkliste wiederkehrende Prüfung von austauschbaren Kipp- und Absetzbehältern:
      https://alexandrina.eco-compliance.de/x/0ANI

[112] Verordnung (EU) Nr. 517/2014 (EU-F-Gase-VO): https://alexandrina.eco-compliance.de/x/aosu

[113]　Energieeinsparverordnung (EnEV): https://alexandrina.eco-compliance.de/x/f4YV

[114]　Checkliste energetische Inspektion von Klimaanlagen:
https://alexandrina.eco-compliance.de/x/OwNl

[115]　TRGS 526 „Laboratorien": https://alexandrina.eco-compliance.de/x/soQV

[116]　DGUV Information 213-850 „Sicheres Arbeiten in Laboratorien":
https://alexandrina.eco-compliance.de/x/alUV

[117]　DIN EN 14470-1 „Feuerwiderstandsfähige Lagerschränke – Teil 1: Sicherheitsschränke für brennbare Flüssigkeiten": https://www.beuth.de/de/norm/din-en-14470-1/67591422

[118]　DGUV Information 208-043 „Sicherheit von Regalen":
https://alexandrina.eco-compliance.de/x/XoUV

[119]　DIN EN 15635 „Ortsfeste Regalsysteme aus Stahl – Anwendung und Wartung von Lagereinrichtungen": http://www.beuth.de/de/norm/din-en-15635/109225053

[120]　DGUV Regel 108-007 „Lagereinrichtungen und -geräte":
https://alexandrina.eco-compliance.de/x/sYUV

[121]　Checkliste wiederkehrende Prüfung von Regalen:
https://alexandrina.eco-compliance.de/x/TwJl

[122]　ASR A1.7 „Türen und Tore": https://alexandrina.eco-compliance.de/x/7YQV

[123]　DGVU Vorschrift 52 „Krane": https://alexandrina.eco-compliance.de/x/joUV

[124]　Neunte Verordnung zum Produktsicherheitsgesetz (Maschinenverordnung – 9. ProdSV):
https://alexandrina.eco-compliance.de/x/YoYV

[125]　Checkliste wiederkehrende Prüfung an Brücken- und Portalkranen:
https://alexandrina.eco-compliance.de/x/wwFl

[126]　Checkliste wiederkehrende Prüfung an Fahrzeugkranen:
https://alexandrina.eco-compliance.de/x/zQFl

[127]　Checkliste wiederkehrende Prüfung an Lkw-Ladekranen:
https://alexandrina.eco-compliance.de/x/ygFl

[128]　Checkliste wiederkehrende Prüfung an Turmdrehkranen:
https://alexandrina.eco-compliance.de/x/OgFl

[129]　DGUV Regel 108-006 „Ladebrücken und fahrbare Rampen":
https://alexandrina.eco-compliance.de/x/BgEl

[130] Checkliste wiederkehrende Prüfung von Ladebrücken und fahrbaren Rampen: https://alexandrina.eco-compliance.de/x/SwNl

[131] DGUV Information 209-067 „Ladeeinrichtungen für Fahrzeugbatterien": https://alexandrina.eco-compliance.de/x/xIUV

[132] Checkliste zum sicheren Betreiben einer Batterieladeanlage: https://alexandrina.eco-compliance.de/x/AAVl

[133] Checkliste wiederkehrende Prüfung von Ex-Anlagen: https://alexandrina.eco-compliance.de/x/BQNl

[134] TRGS 510 „Lagerung von Gefahrstoffen in ortsbeweglichen Behältern": https://alexandrina.eco-compliance.de/x/poQV

[135] DGUV Vorschrift 11 „Laserstrahlung": https://alexandrina.eco-compliance.de/x/eYUV

[136] Verordnung zum Schutz der Beschäftigten vor Gefährdungen durch künstliche optische Strahlung (OStrV): https://alexandrina.eco-compliance.de/x/l4YV

[137] DGUV Information 208-016 „Handlungsanleitung für den Umgang mit Leitern und Tritten": https://alexandrina.eco-compliance.de/x/CoYV

[138] Checkliste wiederkehrende Prüfung von Leitern und Tritten: https://alexandrina.eco-compliance.de/x/pAFl

[139] ASR A4.3 „Erste-Hilfe-Räume, Mittel und Einrichtungen zur Ersten Hilfe": https://alexandrina.eco-compliance.de/x/_IQV

[140] Arbeitsstättenverordnung (ArbStättV): https://alexandrina.eco-compliance.de/x/aYYV

[141] ASR A3.4/7 „Sicherheitsbeleuchtung, optische Sicherheitsleitsysteme": https://alexandrina.eco-compliance.de/x/84QV

[142] DGUV Information 212-515 „Informationsschrift für Unternehmer und Versicherte zur Auswahl, Bereitstellung und Benutzung von persönlichen Schutzausrüstungen": https://alexandrina.eco-compliance.de/x/yoRN

[143] PSA-Benutzungsverordnung (PSA-BV): https://alexandrina.eco-compliance.de/x/mYYV

[144] DGUV Regel 112-193 „Benutzung von Kopfschutz": https://alexandrina.eco-compliance.de/x/qIUV

[145] Checkliste Sichtprüfung vor jeder Benutzung (PSA Absturzsicherung): https://alexandrina.eco-compliance.de/x/ugNl

[146] Checkliste wiederkehrende Prüfung PSA gegen Absturz: https://alexandrina.eco-compliance.de/x/qgNl

[147] DGUV Information 209-030 „Pressenprüfung": https://alexandrina.eco-compliance.de/x/ElYV

[148] Checkliste wiederkehrende Prüfung von hydraulischen Pressen: https://alexandrina.eco-compliance.de/x/9gRl

[149] Checkliste wiederkehrende Prüfung von Exzenter- und verwandten Pressen (konventionell/elektrischer Direktantrieb): https://alexandrina.eco-compliance.de/x/5wRl

[150] ASR A3.6 „Lüftung": https://alexandrina.eco-compliance.de/x/9YQV

[151] VDI 6022 Blatt 1 „Raumlufttechnik, Raumluftqualität – Hygieneanforderungen an raumlufttechnische Anlagen und Geräte (VDI-Lüftungsregeln)": https://www.beuth.de/de/technische-regel/vdi-6022-blatt-1/279023701

[152] VDI 6022 Blatt 4 „Raumlufttechnik, Raumluftqualität – Qualifizierung von Personal für Hygienekontrollen, Hygieneinspektionen und die Beurteilung der Raumluftqualität": https://www.beuth.de/de/technische-regel/vdi-6022-blatt-4/154899368

[153] Röntgenverordnung (RöV): https://alexandrina.eco-compliance.de/x/moYV

[154] DIN EN 60974-1:2013-06 (VDE 0544-1:2013-06) „Lichtbogenschweißeinrichtungen – Teil 1: Schweißstromquellen": https://www.beuth.de/de/norm/din-en-60974-1/178315083

[155] Checkliste regelmäßige Prüfung von Flaschenbatterieanlagen und Verbrauchseinrichtungen: https://alexandrina.eco-compliance.de/x/0gJl

[156] Checkliste wiederkehrende Prüfung Lichtbogenschweißeinrichtungen: https://alexandrina.eco-compliance.de/x/5wFl

[157] DGUV Regel 113-005 „Behälter, Silos und enge Räume – Teil 2: Umgang mit transportablen Silos": https://alexandrina.eco-compliance.de/x/CAEl

[158] Checkliste wiederkehrende Prüfung von Stetigförderern: https://alexandrina.eco-compliance.de/x/_wFl

[159] Checkliste wiederkehrende Prüfung von Tankstellen: https://alexandrina.eco-compliance.de/x/5AJl

[160] Verordnung über Anlagen zum Umgang mit wassergefährdenden Stoffen (AwSV): https://alexandrina.eco-compliance.de/x/a4YV

[161] Checkliste wiederkehrende Prüfung von Verpackungsmaschinen: https://alexandrina.eco-compliance.de/x/IgNl

[162] DIN 14461 Teil 1 „Feuerlösch-Schlauchanschlusseinrichtungen – Teil 1: Wandhydrant mit formstabilem Schlauch": https://www.beuth.de/de/norm/din-14461-1/258819312

[163] DIN 14462 „Löschwassereinrichtungen – Planung, Einbau, Betrieb und Instandhaltung von Wandhydrantenanlagen sowie Anlagen mit Über- und Unterflurhydranten": https://www.beuth.de/de/norm/din-14462/155267147

[164] Checkliste Prüfung von Wandhydranten und dazugehörigen Schlauchanschlusseinrichtungen: https://alexandrina.eco-compliance.de/x/lgFl

[165] Trinkwasserverordnung (TrinkwV): https://alexandrina.eco-compliance.de/x/noYV

[166] DIN 19458 „Wasserbeschaffenheit – Probenahme für mikrobiologische Untersuchungen": https://www.beuth.de/de/norm/din-en-iso-19458/89531192

[167] DGUV Vorschrift 54 „Winden, Hub- und Zuggeräte": https://alexandrina.eco-compliance.de/x/j4UV

[168] Checkliste wiederkehrende Prüfung Winden-, Hub- und Zuggeräte einschließlich Tragkonstruktion sowie Seilblöcke: https://alexandrina.eco-compliance.de/x/8wFl

[169] DGUV Information 209-066 „Maschinen der Zerspanung": https://alexandrina.eco-compliance.de/x/woUV

[170] Checkliste für Sicht- und Funktionsprüfungen von handgesteuerten Bohrmaschinen: https://alexandrina.eco-compliance.de/x/TA_w